O SENTIDO DAS ÁGUAS

Obras do autor publicadas pela Companhia das Letras

Borboletas da alma
Carcereiros
Correr
De braços para o alto
Estação Carandiru
O exercício da incerteza
O médico doente
Nas águas do rio Negro
Nas ruas do Brás
Palavra de médico
Por um fio
Primeiros socorros
Prisioneiras
A saúde dos planos de saúde
A teoria das janelas quebradas

DRAUZIO VARELLA

O sentido das águas
Histórias do rio Negro

COMPANHIA DAS LETRAS

Copyright © 2025 by Drauzio Varella

Grafia atualizada segundo o Acordo Ortográfico da Língua Portuguesa de 1990, que entrou em vigor no Brasil em 2009.

Capa
Alceu Chiesorin Nunes

Foto de capa
Alexandre Sant'Anna

Mapa
Sonia Vaz

Preparação
Ciça Caropreso

Checagem
Érico Melo

Revisão
Ana Alvares
Clara Diament

Dados Internacionais de Catalogação na Publicação (CIP)
(Câmara Brasileira do Livro, SP, Brasil)

Varella, Drauzio
 O sentido das águas : Histórias do rio Negro / Drauzio Varella.
— 1ª ed. — São Paulo : Companhia das Letras, 2025.

 ISBN 978-85-359-4055-8

 1. Amazonas (AM) – Descrição e viagens 2. Negro, Rio (AM) – Descrição e viagens 3. Varella, Drauzio, 1943- – Viagens – Amazônia I. Título.

25-251748   CDD-918.11

Índice para catálogo sistemático:
1. Rio Negro : Amazonas : Descrição e viagens   918.11

Cibele Maria Dias – Bibliotecária – CRB-8/9427

Todos os direitos desta edição reservados à
EDITORA SCHWARCZ S.A.
Rua Bandeira Paulista, 702, cj. 32
04532-002 — São Paulo — SP
Telefone: (11) 3707-3500
www.companhiadasletras.com.br
www.blogdacompanhia.com.br
facebook.com/companhiadasletras
instagram.com/companhiadasletras
x.com/cialetras

Sumário

Apresentação, 9

Crepúsculo, 19
Seu Papaguara, 22
A parteira, 29
Cabeça do Cachorro, 34
A visagem de seu Prudêncio, 39
O raio e o gravador, 44
Os olhos de Neusa, 47
Florestas do rio Negro, 50
Guerras e escravidão, 55
Cacique Ajuricaba, 59
Companheiros de viagem, 62
O *Barco do Amor*, 69
Guerras justas e tropas de resgate, 73
Cobra-canoa, 77
Nações de poliglotas, 81
No rio Jaú, 86

Águas escuras, 89
Os mosquitos, 91
Jacaré, 95
Garimpeiros, 99
Milagre de Natal, 104
Padres missionários, 108
Os salesianos, 111
O velho mateiro, 116
As coletas e o herbário, 122
O laboratório de extração, 127
Do serrote à taxonomia, 130
O deslumbre, 136
Os indígenas e a biodiversidade, 143
Petróglifos, 147
Black Hawk, 150
Os militares, 156
Orgulho e preconceito, 163
Yaripo, o pico da Neblina, 167
Morro abaixo, 175
Projeto Yaripo, 180
Os profetas, 183
Regatões, 186
Sophie Müller, 191
Koripako, 197
Agonia da espera, 204
Caxiri, cachaça e choque-choque, 208
A FOIRN e o ISA, 212
Alvorada, 217
Seu Bonifácio, 220
Soldados da borracha, 223
A jararaca, 230
Muito triste, 233

No igapó, 237
Ascensão e queda de Airão, 242
Formigas-de-fogo, 247
O velho e o novo, 251
A cidade da dor, 255
Manaus, 260
A cidade flutuante, 266
Onça que é gente, 271
A paca, 273
As visões do Pariká, 276
Reahu, o ritual fúnebre, 282
Andorinhas, 285
A felicidade de dona Margarida, 288
Umbelino ermitão, 290

Epílogo: Exuberância e fragilidade, 295

Apresentação

Minha paixão pelo rio Negro nasceu em nosso primeiro encontro. Quando vi aquela imensidão de águas escuras, a refletir feito espelho o mundo ao redor, senti o ridículo de ter vivido quase cinquenta anos no país em que nasci sem me dar conta de tamanha beleza.

Há centenas de milhões de anos, as águas da bacia do rio Amazonas desaguavam no oceano Pacífico, no sentido oposto ao que fazem hoje. Há cerca de 10 milhões de anos, no entanto, quando a cordilheira dos Andes emergiu das entranhas do planeta, impedindo-as de prosseguir, o rio formou um lago enorme que forçou a passagem na direção do Atlântico.

O Negro é um dos três maiores rios do mundo. Da nascente, na região pré-andina, até se juntar com o Solimões para formar o Amazonas, logo abaixo de Manaus, ele percorre cerca de 2200 quilômetros.

Ao contrário do Amazonas, seu curso é dotado de poucos meandros. Apesar de existir uma calha principal, na época da cheia a água sobe doze, quinze metros, inunda a floresta e forma um labirinto de ilhas e milhares de igapós, furos, igarapés e paranás, entre os quais só navegadores experientes ousam se aventurar.

O Alto Rio Negro é a região com o maior índice pluviométrico do país. As chuvas caem fortes. Mal as nuvens agourentas se agrupam no horizonte, é preciso correr atrás de abrigo, já que num instante estarão em cima de nós. A água despenca sem piedade, envolta num manto enevoado que turva a visão da floresta e estilhaça o espelho da superfície do rio. Os raios estalam seguidos de trovões roucos, intermináveis, como se o céu estivesse prestes a desabar. Inesperadamente, como se em obediência a uma ordem poderosa, tudo cessa, e o silêncio toma conta da floresta. Em poucos minutos o sol voltará a brilhar em meio aos pingos que gotejam da vegetação e da umidade que invade os pulmões.

Os números que caracterizam o rio são astronômicos: a bacia do rio Negro drena uma área de 700 mil quilômetros quadrados. Nas regiões em que não existem ilhas fluviais, a largura varia de um a três quilômetros, distância que aumenta dez vezes nas proximidades de Manaus. Embora junto à foz a profundidade atinja cem metros, nos demais trechos pode diminuir entre cinco e vinte metros na seca, tornando penosa a navegação. Ao caírem as chuvas, entretanto, a profundidade ficará entre quinze e 35 metros.

Em volume de águas, o rio Negro é o sétimo maior do mundo. Sua nascente é na Colômbia, e a foz, na margem esquerda do Amazonas, formada pelo encontro de suas águas com as do Solimões. É mais caudaloso do que todos os rios da Europa reunidos.

Em seu leito estão localizados os dois maiores arquipélagos fluviais do mundo: Mariuá, na região de Barcelos, curso médio do rio, e Anavilhanas, na parte baixa, que começa abaixo da desembocadura do rio Branco e segue por 120 quilômetros na direção do encontro com o Solimões. São mais de mil ilhas, algumas das quais com vinte ou trinta quilômetros de extensão, que passam boa parte do ano submersas, formando igapós, nos quais é possível penetrar com a canoa deslizando na altura da copa das árvores mais baixas.

Depois dessa primeira visita, voltei ao rio Negro com um grupo de pesquisadores internacionais que se dispuseram a dar um curso de biotecnologia em São Paulo, atraídos pela promessa de uma viagem à Amazônia a bordo do barco *Escola da Natureza*, utilizado pela Universidade Paulista (Unip) em Manaus e pelo Colégio Objetivo, para aulas de botânica e ecologia com os alunos.

Numa tarde de outubro de 1992, admirando a passagem das árvores que desfilavam diante do barco próximo à margem da Ilha Grande, no arquipélago de Anavilhanas, um dos pesquisadores que nos acompanhavam, Robert Gallo, um dos descobridores do vírus da aids, perguntou quem fazia estudos sistemáticos da atividade farmacológica daquela biodiversidade botânica que tanto o impressionava.

Expliquei que havia estudos acadêmicos isolados. Ele ficou surpreso:

— Se vocês pretendem preservar a floresta, precisam demonstrar a utilidade dela.

Meses depois, desembarquei em Washington para uma visita ao Natural Products Branch, do National Cancer Institute (NCI), em Frederick, Maryland, o maior centro mundial de pesquisas de atividade antitumoral em plantas, fungos e animais marinhos.

Fui recebido pelo diretor-geral, Gordon Cragg, um biólogo de sessenta anos, nascido na África do Sul, visivelmente apaixonado pelo trabalho.

Ele se mostrou pessimista sobre a possibilidade de criarmos no Brasil um centro para pesquisar atividade contra células malignas em produtos naturais devido à xenofobia de nossas autoridades, que já haviam afastado do país até pesquisadores estrangeiros interessados apenas na taxonomia das plantas brasileiras.

Apesar da ressalva, ele abriria as portas dos laboratórios do NCI para treinar o pessoal que julgássemos necessário para a realização do projeto, bem como forneceria linhagens de células malignas cultivadas por eles para servir de teste. Os custos ficariam por conta da Unip. Assinamos um memorando de entendimento, deixando claro que nenhuma planta seria enviada para fora do país. Da parte deles, nada seria pedido em troca.

Passados mais de trinta anos, no decorrer dos quais realizamos mais de cem viagens ao rio Negro, formamos uma equipe de jovens pesquisadores e coletamos plantas suficientes para preparar cerca de 2500 extratos. Testados contra células malignas, contra bactérias resistentes a antibióticos e, nos últimos anos, selecionados aqueles capazes de interferir em determinados mecanismos celulares comuns a diversas doenças, obtivemos cerca de 170 extratos com atividade suficiente para estudos mais detalhados.

Nessas viagens pude andar pelas ruas escaldantes das cidades e dos lugarejos do rio Negro, sobrevoar a floresta nos aviões da FAB, chegar até os pelotões do Exército Brasileiro nas fronteiras com Colômbia e Venezuela, caminhar pela mata, percorrer rios e escalar o Yaripo, a montanha dos ventos de tempestade, nome dado pelos Yanomami muito antes que os brancos o batizassem de pico da Neblina, o ponto culminante do Brasil.

A parte mais rica, entretanto, foi conversar e ver como vivem os ribeirinhos e os indígenas dispersos pelas beiradas dos rios. É transformador o contato com a diversidade cultural das etnias que habitam a bacia do rio Negro há mais de 12 mil anos, com os costumes e a multiplicidade de línguas que sobreviveram apesar dos ataques continuados que escravizaram e dizimaram grupos inteiros no decorrer de séculos.

Nas conversas intermitentes que mantive com os indígenas, entrei em contato com formas harmoniosas de conviver com a natureza, com a vizinhança, e de entender a magia do mundo que os cerca.

Este livro é um caderno de viagens, fruto de experiências que transformaram minha visão da biologia e me abriram as portas para um universo de infinita beleza natural, cenário de histórias épicas, de violências indescritíveis, febres epidêmicas, dominação, extermínio de populações originais, trabalho escravo e acontecimentos nos quais a fantasia se confunde tantas vezes e de tal forma com a realidade que elas se tornam indistinguíveis uma da outra.

O SENTIDO DAS ÁGUAS

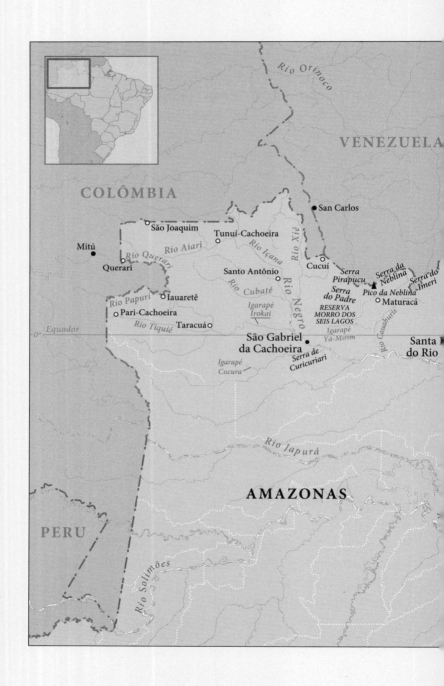

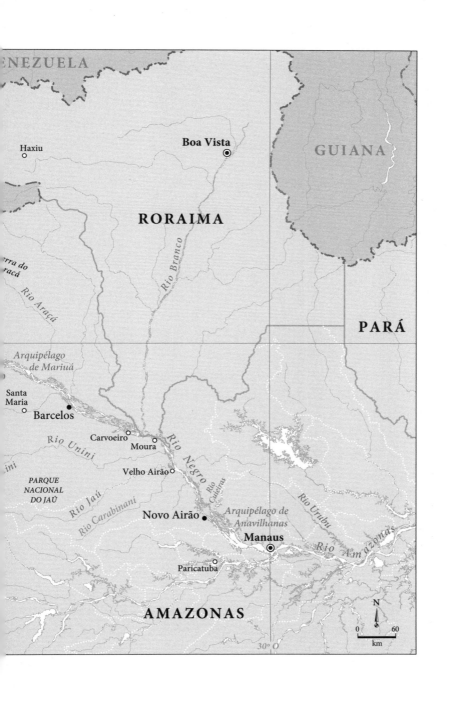

Crepúsculo

São cinco da tarde. A essa hora gosto de sentar com o computador no deque do *Escola da Natureza*. O sol que havia pouco me intoxicava caiu por trás da floresta e projeta tons alaranjados contra a margem oposta do rio. As flores miúdas e as tonalidades do verde que as árvores exibem refletem-se nas águas escuras, criando imagens virtuais sem plano de clivagem com a mata que lhes dá origem. As ondulações da superfície decompõem a silhueta da vegetação para formar volumes cromáticos que reproduzem versões tropicais das paisagens dos impressionistas.

O corpanzil de um boto emerge em busca de ar e deixa um rastro de ondas concêntricas. Ele aparece mais adiante, gordo e úmido, com o dorso arqueado para afundar em seguida. A uma pequena distância dele, dois peixinhos de um palmo brilham, prateados, na superfície e, com movimentos rápidos de cauda, deslizam em pé sobre a água em direções divergentes, deixando um rastro que forma a letra V. Na fuga, percorrem mais de cinquenta metros antes de submergirem para escapar à perseguição do predador.

Pouco além da encosta reina uma sumaúma resistente às catástrofes naturais graças à sabedoria de haver engendrado raízes tabulares que se fixam à terra e dão sustentação ao tronco que sobe trinta metros antes de expor a copa majestosa. Em imponência, nenhuma árvore das imediações lhe chega aos pés; à sua volta, apenas troncos esguios com cipós pendentes em disputa pelas migalhas solares que a folhagem da sumaúma deixa passar.

Estratégia de sobrevivência engenhosa a das árvores, seres fixos à terra que inventaram as folhas, placas ricas em clorofila dispostas espacialmente para capturar o máximo de fótons emitidos pelo astro-rei. Na seleção natural, sobrevivem as que conseguem lançar galhos com folhas para ocupar um lugar ao sol; as demais estiolam e são eliminadas impiedosamente, como ensinaram os naturalistas Alfred Wallace e Charles Darwin ao descrever os caminhos que a vida trilhou em nosso planeta e em qualquer outro no qual porventura ela exista ou venha a existir.

Na competição pela luminosidade, as árvores se comportam como pessoas numa festa compelidas a falar cada vez mais alto. Aqui, também, se todas tivessem decidido permanecer mais baixas, não seria necessário consumir tanta energia no esforço do crescimento vertical, e o dossel da floresta estaria ao alcance da mão humana.

Pela janela da cozinha, Evilásio, nosso cozinheiro, atira aos peixes pedaços de pele de frango. Vindos do nada, indiferentes à minha presença, quatro gaviões pretos de bico vermelho e manchas brancas nas asas voam como planadores sobre o barco, emitem gritos estridentes para afastar intrusos e mergulham sobre os despojos para arrebatá-los com as garras, sem resvalar o corpo na água.

Uma canoa faz a curva no rio. É uma casca de noz semi-imersa, com dois gravetos a bordo. Com o binóculo me aproximo deles: um indígena de camisa desabotoada afunda o remo de um lado e de outro da embarcação; o de trás, adolescente de peito nu, retira água da canoa com uma garrafa de plástico cortada pela metade.

Seguem pelo igarapé (braço de rio que se insinua pela floresta) na direção de uma casinha pintada de rosa, com porta e janelas verdes, rodeada de açaís, erigida sobre estacas numa elevação a poucos metros da beira.

Pego o binóculo outra vez. Sentados na canoa, agora ancorada, os dois homens conversam com um terceiro em pé junto à margem, ao lado de uma prancha de lavar roupa, sobre a qual uma indígena jovem ensaboa um menino pelado.

Ela apanha água do rio com a cuia, derrama-a no peito do filho e acaba de esvaziá-la sobre a própria cabeça. Ao vê-la de cabelo escorrido, com o vestido encharcado, a criança ri. A mãe também ri e repete a operação.

No barranco, de cabeça baixa, dois vira-latas magrinhos observam a cena.

Seu Papaguara

Depois que conheci seu Papaguara, minha relação pessoal com as vassouras de piaçaba nunca mais foi a mesma.

Seu Papaguara é indígena da etnia Tukano, morador da periferia de Barcelos, antiga capital do Amazonas, no Médio Rio Negro. É um homem baixo, com as maçãs do rosto saltadas como as dos asiáticos e a cabeça sem um fio de cabelo branco sequer, apesar dos sessenta anos. Fala o português aprendido com os padres no Alto Rio Negro, mas mantém o sotaque tukano, sua língua natal. Quando senta contemplativo à beira do rio, tem o olhar de quem vive uma paz interior de matar de inveja.

Eu o conheci num dia em que saímos de barco para uma coleta de plantas. Ele estava sentado num tronco na margem, com os olhos perdidos no rio. Quando voltamos, mais de duas horas depois, continuava no mesmo local, exatamente na mesma posição, com o mesmo olhar perdido. Wilson Malavazi, que dirigia a voadeira, perguntou:

— Ainda está parado aí? O que você está fazendo?
— Estou sentado — respondeu.

Batizado pelos padres salesianos com o nome de Adelino Pereira, ganhou o apelido pelo qual todos o conhecem por obra de um ribeirinho filho de mãe Koripako, impressionado com o número de pessoas que se reuniam na porta da cabana de seu companheiro depois do banho no rio, ao cabo do trabalho no piaçabal:
— Por que vem todo mundo conversar na sua casa?
— O povo vem falar da vida — respondeu Adelino.
O companheiro resmungou:
— Você parece o biscoito Papaguara, todo mundo gosta.

Conversamos duas vezes nos corredores amplos do antigo internato salesiano de Barcelos, que naquela época já estava parcialmente desativado, com parte do prédio imponente em estado de conservação precária. Só eu fiz perguntas, ele não quis saber quem eu era nem o que fazia ali.

Descreveu as agruras do extrativismo da piaçaba, num tempo em que era uma das raras atividades econômicas da região do Médio Rio Negro. Contou que os preparativos começam na cheia de junho/julho, quando o patrão arregimenta os homens para subir o rio. Os caboclos e os indígenas viajam à moda amazônica, com a família inteira e o cachorro, cestos de palha, baldes de plástico, panelas entortadas pelo uso, redes de dormir, roupas, bota velha, sandália de dedo, duas ou três galinhas, lamparina a querosene, a espingardinha e toda a farinha que conseguem juntar.

A jornada tem como destino as áreas em que se encontram as piaçabeiras nativas, palmeiras de médio porte que crescem nos igapós, as florestas periodicamente inundadas da região.

Em cada batelão viajam de quarenta a sessenta famílias. Elas constituem a "freguesia" daquele patrão, que se considera proprietário de determinada área do rio e dos igarapés que a circundam.

A freguesia desembarca na "colocação", área em que serão realizadas as coletas, com as ferramentas, as mercadorias e os alimentos para manter o grupo trabalhando até que as águas se tornem novamente navegáveis, no ano seguinte. Só então o patrão chegará para levá-los de volta, porém com uma condição: o saldo entre o rendimento obtido com a produção e os gastos com as compras feitas em seu barco há de ser positivo. Caso contrário, não restará alternativa ao trabalhador senão permanecer até o ano seguinte.

Fugir nem pensar, é arriscado fazê-lo com a família em canoas a remo, distâncias enormes a percorrer com os vigilantes do patrão no encalço, e escapar com vida. Com algumas variações, essa é a base da "escravidão por dívida", mecanismo de domínio presente ainda hoje em toda a Amazônia, porém com novos formatos, a exemplo dos comerciantes atuais, que se apropriam dos cartões de benefícios sociais da freguesia como garantia das mercadorias vendidas a crédito.

Na beira do rio os produtos custam o dobro ou o triplo, mas o patrão é pródigo ao emprestar dinheiro. Só não admite que seus trabalhadores façam compras nos batelões dos concorrentes, ainda que a preços mais baixos. Nas comunidades ribeirinhas são inúmeras as histórias de escaramuças mortais entre patrões que feriram o princípio ético de jamais vender para freguesia alheia.

Seu Papaguara conta que foi levado para trabalhar na colocação Vai Quem Quer:

— Era longe, dois dias de barco. Eu extraía sessenta quilos de piaçaba por dia, mas nas contas do patrão os sessenta viravam trinta. Ele dizia que o desconto era porque o material estava molhado e sujo. Pagava cinquenta centavos por quilo.

O preço irrisório, no entanto, não era o pior:

— O que matava era o custo das mercadorias que a gente precisava: café, açúcar, sal, óleo. Quem não pagasse as contas não voltava. Quando a gente matava uma anta, ficava todo mundo alegre. Cortava a parte da bunda dela, cheia de banha, derretia e fazia torresmo para temperar o feijão. Não precisava comprar óleo do patrão. Quando acabava, cozinhava a comida só com água e sal.

Ao chegar a um ponto de terras mais altas junto ao rio ou a um igarapé caudaloso, o primeiro passo é fazer um mutirão para cortar as árvores e construir o Centro, um barracão com paredes de madeira e teto de palha, para armazenar a piaçaba colhida pelo grupo. Vinte homens levam uma semana para concluir a tarefa. A palha do teto precisa ser disposta com cuidado, porque se a chuva molhar os rolos de piaçaba a água levará tempo para evaporar e o patrão pagará menos.

Pronta a edificação central, as famílias erguem suas casas ao redor. São revestidas de palha, armadas sobre um estrado de tábuas fixadas a um metro do chão numa estrutura de troncos semienterrados, para evitar inundação em caso de chuva forte ou enchente inesperada. A tarefa de derrubar as árvores e serrar a madeira fica por conta dos piaçabeiros. Pregos, serrotes, machados e o restante dos materiais utilizados são comprados do patrão.

A rotina dos trabalhadores tem início na escuridão, às quatro ou cinco da madrugada: "depende de ser esforçoso", como dizem. Tomam café preto com bolacha, rosca, mingau de farinha de mandioca com água e, se houve sobra do jantar, um pouco de quinhampira, espécie de caldo de peixe cozido com pimenta e temperos locais. Para os parcimoniosos, um pouco de mingau preparado com mandioca, um copo de cachaça, e nada mais.

Depois, com o terçado no cinto, saem a pé ou de canoa, quando as águas permitem, para explorar a floresta e abrir a golpes de facão o varador, picada que os conduzirá ao piaçabal.

Encontradas as palmeiras, os homens batem nelas com um pau, para espantar escorpiões, cobras, lacraias e baratas, que têm o hábito de se esconder entre as fibras.

Apressado, uma vez Papaguara deixou de tomar esse cuidado e, ao agarrar o maço de fios para cortá-los, sentiu que algo se movia. Largou o feixe e pulou para trás. Caiu no chão uma surucucu--pico-de-jaca, cobra das mais venenosas, que ele havia prendido entre os dedos e os fios.

— Dei uma facãozada com tanta força que dividi ela em duas.
Os fios cortados são depositados sobre uma cama de folhas da própria palmeira, estendidas no chão. O comprimento dos feixes, chamados de moquecos, é acertado com o facão, para que possam ser dispostos ordenadamente sobre a cama de folhagem. No fim, atados bem firme com cipó, estarão prontos para o transporte amarrados com um pano nas costas do piaçabeiro. Para facilitar o equilíbrio, o pano é dotado de uma alça que passa em volta da testa. A carga pesa de cinquenta a cem quilos, dependendo da força do homem e da distância que o separa do depósito central.

Podem ser horas de caminhada pela floresta com o moqueco nas costas atado à coroa de pano em volta da testa, atravessando igarapés com água que chega à altura do peito. Quando o barracão está próximo ou as águas do igarapé ainda permitem a passagem das canoas, é possível fazer duas viagens por dia; caso contrário, uma única, ou nenhuma, se houver chuva torrencial, ocorrência rotineira nos meses de maio a setembro.

A refeição no meio do dia é frugal: chibé (farinha de mandioca molhada com água do rio), um resto de peixe ou caça conservada no sal e frutas como uxi, pequiá, sorva, buriti, bacaba, patuá, ou o fruto que brota nos ramos da própria piaçabeira.

No fim da tarde, com os fios depositados no barracão, o homem vai caçar ou pescar, para garantir o sustento da família.

Quando estava para nascer Rosinha, sua primeira filha, a senhora encarregada dos partos na colocação chamou seu Papaguara para ajudar:

— Meu filho, vou ensinar você a partejar. Se eu morrer, quem vai ajudar as mulheres aqui?

Adalberto, seu segundo filho, já veio ao mundo pelas mãos do pai. No total, Papaguara fez 64 partos, sem contar os três dos quatro filhos que teve com a esposa, durante os sete anos que passou sem conseguir liquidar as dívidas contraídas.

— Sete anos no meio da floresta sem poder voltar para casa? Diante do meu espanto, comentou:

— Tive sorte. Tem gente que nasce e morre sem conseguir ir embora.

Sua vida começou a mudar com a chegada de um primo, numa época em que a dívida aumentava mês a mês. Ao se inteirar da história, o primo aconselhou:

— Seu primo, quando a gente deve aí é que precisa trabalhar mais.

Um dia os dois estavam na floresta, quando a fome apertou:

— Seu primo, vou subir naquela bacabeira para derrubar as bacabas maduras. O senhor abre umas folhas embaixo para aparar as que caem.

O rapaz subiu na palmeira, cortou os cachos e jogou os frutos, que caíram com alarido, sem se dar conta de que era domingo, dia em que o Espírito da Mata não gosta de perturbações.

Enquanto juntavam as bacabas derrubadas, eis que ouviram um urro grave e assustador, bem próximo. No meio das árvores surgiu um ser descomunal, coberto de pelos pretos e com presas que saltavam da boca, dando murros fortes contra o peito.

O primo pegou a espingarda e nem fez pontaria, tão perto o alvo se encontrava. O impacto do chumbo ressoou oco contra o corpo da fera, que continuou incólume e decidida na direção deles, estalando os galhos secos sob os pés enormes. Nem o segundo nem o terceiro tiro certeiro conseguiram detê-la.

Aterrorizados com a aparição da criatura, os dois correram desabalados para o Centro.

— Não era coisa deste mundo. Chamamos as mulheres e as crianças, nem desatamos as redes, cortamos no terçado, pegamos as canoas e fomos dormir do outro lado do rio.

No outro dia, juntaram os homens e retornaram. Não encontraram nada, apenas duas pegadas de mais ou menos um metro.

— Mas que animal era? — perguntei.
— Coisa boa não seria. Acho que um gorila.
E acrescentou:
— Os brancos não acreditam, mas eu sou índio, nasci e vivi no mato, sei que existe o encantado.

A parteira

Dona Elisabel fez fama como parteira em Barcelos e cercanias. De estatura baixa, encorpada, rosto enérgico, sorriso gentil e cabelos puxados para trás, veio me receber no portão. Passava dos sessenta anos.

A casa era construída num terreno amplo, com pés de cupuaçu, ingá, mamão e açaí, habitado por galinhas e dois galos garnisés que cantavam alternadamente, como se disputassem o concurso da mais bela voz. No fundo havia uma horta com temperos e plantas medicinais colocados à disposição da vizinhança, em caso de necessidade.

Em frente, dois jambeiros com mais de dez metros de altura espalhavam pétalas vermelhas que cobriam a calçada. Formavam um par de cones perfeitos, como se alguém os tivesse aparado.

Filha de mãe Baniwa e pai cearense, dona Elisabel nascera em Santa Isabel do Rio Negro na década de 1930. No dia em que completou dez anos, a família se mudou para Barcelos, cidade em que casou e teve quinze filhos, treze naturais e dois adotivos.

Aos vinte anos de idade, dona Elisabel estava no período de

resguardo de seu terceiro parto quando surgiu a visão que marcaria seu futuro.

Foi num dia em que a cidade amanheceu coberta por uma cerração espessa, em meio à qual ela divisou a chegada de uma mulher de rosto alvo e olhar piedoso envolta num manto azul-claro, que lhe sussurrou: "Virá uma senhora que vai lhe pedir para ajudar mulheres e crianças em nome do meu filho".

No dia seguinte, de fato, dona Maria das Graças bateu palmas no portão. Parteira formada pela curiosidade, ela precisava de ajuda num parto em que mãe e filho corriam risco de perder a vida.

Coube à dona Elisabel a função mais importante: ficar de frente para a gestante e puxar o bebê, enquanto a outra, junto à cabeceira, empurrava o abdômen para baixo. O único instrumento de que dispunham era uma tesoura lavada com água fervente, para cortar o cordão umbilical.

Foi o primeiro de uma série de chamados que dona Elisabel passou a receber nas horas e nos locais mais variados. As mulheres tinham muitos filhos, davam à luz em casas da cidade, nos piaçabais ou à beira dos rios. Quando alguém solicitava seus préstimos, ela corria para avaliar o andamento do trabalho de parto. Se a pessoa morava perto e o colo ainda estava pouco dilatado, orientava uma mulher da família ou da vizinhança para monitorar as contrações, enquanto voltava para adiantar a rotina doméstica; caso contrário, permanecia junto à parturiente para os últimos preparativos.

— Nessas horas, homem é de pouca serventia, eles são covardes, passam mal de ver uma gota de sangue. Servem para fazer uma compra, ir atrás de óleo de lamparina, pedir uma lanterna, um pano emprestado, avisar uma parente. O primeiro que eu faço é pôr os homens para fora de casa. Parto é assunto de mulher.

Ela não considera que a responsabilidade da parteira termine com o nascimento da criança:

— Quem vai trocar o curativo do cordão até ele cair, orientar os cuidados com as partes íntimas que toda mãe precisa ter, a dieta do primeiro mês, ensinar a embocadura do seio na boca do recém-nascido, insistir que precisa lavar as mãos com água e sabão antes de oferecer o seio e que não pode colocar terra nem teia de aranha no cordão?

E o mais importante para ela:

— Quem vai ajudar a enfrentar a depressão que bate em toda mulher depois de dar à luz? É uma tristeza que tira o prazer de tudo. Ninguém entende, não percebem que isso é um capricho da natureza feminina, as pessoas falam: "Ela queria tanto esse filho, agora fica aí chorando à toa pelos cantos".

No caso dos partos na cidade, dona Elisabel tomava essas providências em visitas diárias, mas naqueles que ocorriam nos piaçabais ou nas margens de rios distantes...

— O único jeito era me hospedar na casa da parturiente até o umbigo da criança cair. Precisava ter certeza que deixava mãe e filho em segurança.

Jamais cobrou um centavo por esse trabalho. No fim, sempre ganhava presentes: cacho de banana, pirarucu salgado, tucunaré, frango, imagem de santa para colocar no altarzinho da sala.

As ausências de casa criavam desentendimentos passageiros com o marido, que sempre achou esquisita a história da visão daquela mulher de manto azul. A esposa, no entanto, jamais teve dúvida.

— Sei que era a Nossa Senhora do Bom Parto. É ela que dá forças às parteiras quando estão exaustas. É pra ela que eu faço uma oração no momento que a placenta está pra arriar. É uma hora muito delicada, porque se as membranas ficarem presas vão dar problema.

O problema ao qual se referia é a infecção puerperal, causada pelas bactérias presentes na vagina ao migrarem para o interior do útero. Numa época sem antibióticos, dona Elisabel viu muitas jovens perderem a vida dessa maneira e bebês com tétano neonatal adquirido pelo costume de jogar terra no coto do cordão umbilical para estancar o sangramento.

Com o tempo, as solicitações se tornaram tão frequentes que inviabilizaram seu emprego de servente no colégio das freiras. Já fazia partos com regularidade havia mais de vinte anos quando foi contratada pelo recém-criado SUS para trabalhar no Hospital Geral de Barcelos. Contabilizados os partos realizados no hospital e os domiciliares, foram 2840.

O atendimento hospitalar deu acesso ao que ela nunca tivera: treinamento. Havia aprendido a profissão com parteiras curiosas como ela.

— Fazíamos muita coisa errada. Quando o parto encrencava, pedíamos para o marido agarrar a mulher pelos pés, levantar ela de ponta-cabeça e chacoalhar o corpo para o bebê encaixar do jeito certo no nascedouro.

Orgulhava-se de dizer que a experiência adquirida lhe ensinara a reconhecer o sexo do bebê com base no formato do abdômen materno:

— Barriga apontada em linha reta até o estômago, é homem; se for chata, apontada para o umbigo, mulher.

Além dos partos, dona Elisabel é rezadeira, prática ensinada pela avó. Boa parte do seu tempo é dedicada às rezas que as pessoas angustiadas, sofredoras ou que pretendem obter alguma graça lhe pedem.

Conhece as simpatias e as superstições dos indígenas da região, embora não confie nelas.

— Mulher grávida não pode comer paca porque a criança nasce roncando. Pato também não pode, senão nasce com o intestino solto. Se a mulher fica parada no beiral da porta, o bebê entala na bacia da mãe. Não deve carregar embrulho nem feixe de lenha, para o cordão umbilical não enrolar no pescoço. Para ter filho homem, o pai de várias meninas precisa trocar um botão da braguilha da calça com o de um pai que só tem meninos…

Num lugar em que a gravidez na adolescência é acontecimento frequente, foi parteira de gerações:

— Fiz parto de filhas, depois de netas e até de bisnetas de mulheres que nasceram nas minhas mãos.

Todos a conhecem. Quando dona Elisabel passa, é cumprimentada com respeito. O marido diz que a casa vive cheia.

— Além dos nossos filhos e netos, vem gente pedir conselhos, um chá, uma bênção ou ouvir a opinião dela. O povo diz que na velhice a gente fica solitário; nós não, aqui é uma romaria sem fim.

Quinze anos depois, em 2024, num supermercado de Barcelos, um homem de calção e camiseta se aproximou de mim.

— Sou filho da dona Elisabel, que deu aquela entrevista para o filme que vocês estavam fazendo. Minha mãe fala muito do senhor, toda vez que o senhor aparece na televisão ela manda fazer silêncio e obriga a família a escutar.

Perguntei do pai. Tinha falecido anos antes.

A casa não era a mesma. Dona Elisabel estava sentada em frente à televisão da sala, numa cadeira com fios de plástico. O sol deixara rugas profundas em seu rosto, o cabelo estava quase branco, o tempo lhe roubara parte da visão. Sorriu quando me aproximei:

— O meu doutor.

Cabeça do Cachorro

Pegue o mapa do Brasil, olhe para cima e para a esquerda, no extremo noroeste do estado do Amazonas. O contorno da fronteira com Venezuela e Colômbia não desenha a cabeça de um cachorro?

A Cabeça do Cachorro ocupa quase 200 mil quilômetros quadrados, área maior do que a de Portugal. Faz parte do município de São Gabriel da Cachoeira, o terceiro maior do país em extensão territorial — perde apenas para Altamira, no Pará, e Barcelos, no Médio Rio Negro.

O observador desavisado que do avião olha para baixo tem a impressão de um deserto pintado de verde, inóspito, onde o homem jamais ousaria pôr os pés. Engano grave: embora a densidade populacional seja de 0,47 habitante por quilômetro quadrado, nas margens de seus rios existem centenas de povoados e comunidades, desde agrupamentos com duas ou três famílias até outros com centenas de moradores.

Na Cabeça do Cachorro estão as florestas mais preservadas da Amazônia. Sobrevoá-las é viver o êxtase. Até onde a vista alcança, são 360 graus de mata virgem; parece o mar.

No alto-mar, contudo, descontada a onipresença mutável das nuvens, em dez minutos o universo visual do viajante se esgota, enquanto no Alto Rio Negro as florestas nos surpreendem o tempo todo: num momento, as copas se acotovelam sem deixar uma nesga sequer de espaço, passando a impressão de que uma flecha atirada do avião ficaria espetada no dossel; noutro, surgem sulcos escuros e depressões de relevo com desníveis sombreados, árvores majestosas, troncos com galhos secos de formatos bizarros que apontam para o firmamento, palmeiras espalhadas, esguias, e tucaneiras abarrotadas de flores amarelas que dão o ar da graça aqui e ali, em meio às inúmeras tonalidades do verde.

Inesperadamente, a floresta estanca e abre espaço para uma campina quilométrica de copas mirradas, entremeadas pelos troncos esbranquiçados das embaúbas e por arbustos mais baixos, como se uma tesoura monumental tivesse feito a poda. Mais adiante, outra vez a mata impenetrável, uma pedra gigantesca com estrias brancas a escorrer do topo feito lágrimas grossas, e, ao fundo, os picos de uma serra encostados nas nuvens.

Em todo o percurso, os rios fazem a alegria da paisagem. Nas matas baixas, são serpentes que se enrolam caprichosas para aprisionar pequenas ilhas em seus domínios; nas mais fechadas, aparecem sinuosos, brincalhões, viram à direita e à esquerda, voltam para trás indecisos, seguem em frente, depois se escondem sob as árvores para surgir mais adiante refletindo a luz do sol, até serem engolidos pela vegetação outra vez.

Em 2024, em minha oitava visita a São Gabriel da Cachoeira, a população do município era de pouco mais de 50 mil pessoas, das quais cerca de 93% pertencentes a alguma das 23 etnias indígenas habitantes da região. A diversidade de idiomas e tradições culturais dos povos do Alto Rio Negro é tão complexa quanto a das florestas habitadas por eles.

Construída à margem esquerda do rio Negro, São Gabriel está a cerca de 1100 quilômetros de Manaus por via fluvial, quase a distância de São Paulo a Porto Alegre. A partir dali, apenas duas possibilidades de acesso: de barco, em viagens penosas rio acima, enfrentando corredeiras cheias de pedras, ou de avião, até aterrissar nas pistas de pouso das guarnições militares nos pelotões de fronteira de Pari-Cachoeira, Iauaretê, Querari, Tunuí-Cachoeira, São Joaquim, Maturacá e Cucuí.

São Gabriel era uma fileira de malocas indígenas erguidas na encosta do rio Negro quando o naturalista Alexandre Rodrigues Ferreira a avistou em 1785, durante a Viagem Philosophica, organizada por ordem do marquês de Pombal, para estudar os recursos naturais da colônia. Hoje é o segundo município mais populoso do rio Negro, ficando atrás apenas de Manaus.

Na encosta, não existem mais as malocas documentadas pelos desenhistas que Ferreira trouxe em sua expedição, mas uma fileira de casas que vão dar num promontório com uma igrejinha branca, emoldurada entre barras azuis, e uma torre alta que serve de base para a cruz tão azul quanto costuma ser o céu para o qual ela aponta.

O antropólogo Theodor Koch-Grünberg, que passou dois anos entre os indígenas do Alto Rio Negro, de 1903 a 1905, registrou o estado em que a cidade se encontrava naquele início de século:

> São Gabriel, a "capital" do Alto Rio Negro, é um ninho miserável, quase sem habitantes. As casas, na sua maioria, estão abandonadas e arruinadas. [...] Os poucos habitantes da cidadezinha não têm nada para comer. Lá a situação está invertida: os habitantes não oferecem sustento aos viajantes, mas esperam que esses lhes tragam alimentos.

Em contrapartida:

Os arredores da cidadezinha são encantadores: perto se eleva um morro íngreme, formado por um único bloco de rocha, coroado pelas ruínas de uma fortaleza dos melhores tempos antigos. [...] No alto, apesar do calor equatorial, domina o ar puro de montanha. O quadro é belíssimo e, deixando de lado os estragos feitos por obra humana, é um lugarzinho maravilhoso da terra.

Hoje, vista do rio, a cidade ainda parece minúscula. O observador não tem acesso visual ao centro movimentado que cresceu por trás das casinhas em fila, para onde migraram indígenas de lugares distantes em busca de melhores condições de vida e de escolas para os filhos.

Em suas ruas largas transitam motos barulhentas com famílias inteiras sem capacete espremidas na garupa, táxis, bicicletas e pedestres sob um sol de rachar. O comércio mantém as portas abertas para a calçada, onde são expostos manequins de plástico com vestidos coloridos, roupas para atender os militares e camisetas com figuras estampadas. Nas prateleiras e nas bancas estão enfileirados tênis baratos, calçados femininos, sandálias e mochilas multicoloridas com motivos infantis, ao lado de utensílios para o lar. Na porta das lojas, com microfone na mão, vendedores apregoam aos transeuntes a qualidade e os preços das mercadorias à venda. Para concorrer com eles, outros lojistas põem para tocar discos de cantoras e cantores sertanejos bregas em um volume capaz de perturbar pessoas com deficiência auditiva. Difícil descrever o alívio sonoro no fim da tarde, quando o comércio fecha as portas.

Ausentes em minhas primeiras viagens, os celulares se tornaram uma presença universal: crianças e adultos, indígenas ou não, ficam presos às telas pela cidade inteira.

Visto da igreja, o rio forma rodamoinhos e emite um rumor abafado constante ao transpor as pedras da corredeira. Em frente à cidade, uma ilha grande, outras menores acima e abaixo e uma praia de areia branca que emerge na vazante para submergir na cheia. No rio Negro, o nível das águas pode baixar a ponto de encalhar o marinheiro mais habilidoso, para depois subir com as chuvas e inundar a floresta, formando milhares de igapós e igarapés.

Nas vezes em que fui à cidade, encontrei o rio com o nível da água encostando nas calçadas, cobrindo as pedras da corredeira, enfurecido. Na seca histórica de 2023, o rio ficou coalhado de ilhas de areia com pedras e rochas salientes que se levantavam a mais de um metro da superfície. A seca de 2024 foi ainda pior, dificultando o transporte e o abastecimento. Na frente da cidade, quando as águas baixam, surge uma praia de areia branca com mais de duzentos metros de comprimento por outro tanto de largura, banhada por águas tépidas que fazem os banhistas que se reúnem no fim da tarde nunca mais quererem sair dali.

Na viagem de 2023, quando o avião se aproximou de São Gabriel, a floresta estava decorada com árvores altas de copas carregadas de flores róseas e arroxeadas, da mesma família dos ipês. Eram milhares e milhares, dispersas em algumas áreas, concentradas em outras, como se distribuídas por um paisagista caprichoso. Como eu nunca tinha visto essas flores nas matas próximas a São Gabriel, perguntei em voz alta aos demais passageiros do avião que nos levava — na maioria moradores locais — se alguém as conhecia. Ninguém tinha visto aquelas flores.

Ao longe, a serra de Curicuriari, com montanhas que desenham a Bela Adormecida, nome escolhido por lembrar a silhueta de uma mulher deitada com as mãos entrelaçadas sobre os seios.

A paisagem de São Gabriel era a mais bonita que eu já tinha visto antes de meu horizonte estético se ampliar com a viagem pelos confins da Cabeça do Cachorro até os limites com a Colômbia e a Venezuela.

A visagem de seu Prudêncio

Algo estranho havia acontecido na juventude de seu Prudêncio. Seu sobrinho, Américo, atribuía a um acontecimento fatídico a razão da vida solitária que o tio levava à beira do rio Jaú, afluente da margem direita do Negro, num casebre afastado quase uma hora a remo de Sobradinho, a comunidade mais próxima.

Contratamos Américo como prático para dirigir o *Escola da Natureza* nessa viagem de dezesseis horas, subindo o rio Negro contra a correnteza, até a boca do Jaú, caminho que na vazante é cortado por bancos de areia perigosos à navegação.

Magro, de rosto miúdo, educado ao falar, Américo era desses ribeirinhos típicos da Amazônia que, por necessidade de sobrevivência, havia exercido as profissões de piaçabeiro e pescador de peixes ornamentais na região de Barcelos, afamado construtor de casas no Baixo Rio Negro, serrador de madeira, mecânico de motores, barqueiro, empregado de hotel de selva, guia turístico e lavrador. Morava num igarapé próximo à comunidade de Santa Maria, a três horas de Manaus, com a esposa de quarenta anos, a filha mais nova, menina de quinze anos, mãe de um bebê de colo, a sogra, indígena Baré de cabelo grisalho até a cintura, rosto enrugado, dificuldade para falar português, e um cunhado chamado Isidro.

Ao pararmos para as formalidades no posto de fiscalização do Ibama na foz do Jaú, ele falou da existência de um tio, morador da margem esquerda, e do desejo de visitá-lo quando passássemos por lá no fim da tarde.

A casinha estava em ruínas, atrás de uma mangueira carregada. A palha mal cobria a metade do teto arriado, os espaços entre as tábuas das paredes laterais davam acesso visual ao interior: uma rede azul sob a parte ainda coberta do teto, um par de sapatos gastos, uma calça e duas camisetas penduradas num prego, três caçarolas velhas sobre um banquinho, um saco de farinha pela metade, uma cuia, um fogãozinho improvisado com tijolos e uma lata d'água tapada por uma peneira de palha.

Não havia ninguém. Américo chamou pelo tio em voz cada vez mais alta.

Sentamos nos degraus da escadinha que levava à porta e esperamos quase meia hora. Estávamos prestes a desistir quando ouvimos um latido vindo da mata.

Precedido por um vira-lata esquálido, seu Prudêncio apareceu entre as árvores, com facão na cintura e espingarda. O cabelo branco, a pele marcada pelo sol, a barba grisalha e rala por fazer e os dois dentes solitários contrastavam com a firmeza de sua postura e a exuberância dos braços moldados a remo.

Cumprimentou o sobrinho em voz baixa com a naturalidade de quem o visse todos os dias, apertou minha mão, subiu a escadinha em que estivéramos sentados, tirou o sapato e jogou água nos pés antes de entrar.

Ao sair, encheu a cuia no saco de farinha, derramou o conteúdo numa vasilha com água, amassou com a mão e juntou um pedaço de peixe seco sob o olhar excitado do cachorro, que saltou sobre a comida ainda no ar.

Agarrou um punhado de farinha no saco, acocorou-se ao pé da escada, perguntou se estávamos servidos e não disse mais nada. Com movimentos rítmicos, jogava a farinha na direção da boca com precisão milimétrica e mastigava os grãos duros como pedra sem nenhum desconforto aparente.

Américo perguntou como ia a saúde do tio, o roçado de mandioca, se a tempestade que derrubara o telhado havia sido forte, como andavam os peixes, a caça e se as águas na cheia invadiam a casa.

Apesar das respostas monossilábicas, quase inaudíveis, e do olhar distraído, o interesse do sobrinho não parecia incomodar o tio. Tanto que arrisquei perguntar:

— O senhor não sente falta de conversar com alguém?

— Converso com o silêncio — respondeu.

Depois de uma pausa longa, Américo explicou que ficava triste em vê-lo naquele desamparo. Repetiu o convite feito em outras oportunidades:

— Vamos embora, tio. A gente constrói um canto para o senhor ficar lá no terreno de casa, junto com a nossa família.

Seu Prudêncio agradeceu; estava bem ali, nada lhe faltava. Desanimado, o sobrinho, então, insistiu que pelo menos ele se mudasse para perto do pessoal de Sobradinho, a comunidade mais próxima.

Antes não o tivesse feito. Seu Prudêncio ergueu-se num salto e começou a vociferar na direção do rio, como se pretendesse ser ouvido pela comunidade distante:

— Pras profundezas do abismo. Cambada de bêbado falador, de mulher bisbilhoteira, de velho sem-vergonha. Enquanto Deus me der visão, nem chego perto. Diabo-abo, demônio-ônio, satanás zás-trás, pros quintos dos infernos!

Quando terminou, com a face afogueada, pôs-se a dar voltas na casa, gesticulando, grunhindo e resmungando impropérios desconexos. Ao passar pela mangueira, parava subitamente, cuspia para os lados, esmurrava o peito, chutava o tronco com um pé, depois com o outro, e gritava: "Sai, tinhoso amaldiçoado".

Como sombra, o vira-lata seguia os passos do dono a uma distância prudente, ganindo e latindo quando o velho parava para chutar a árvore.

Depois de não sei quantas voltas, seu Prudêncio estancou a cinco metros de nós, respirou fundo, emitiu um som gutural, esfregou o rosto lavado pelo suor e permaneceu imóvel.

Passamos algum tempo em silêncio, quebrado apenas pelo vozerio dos macacos guaribas na floresta.

A luz do dia começava a cair. Nós nos levantamos e caminhamos na direção da voadeira, ancorada na margem. Ele veio alguns passos atrás, mudo como o cachorro. Antes de embarcarmos, Américo pediu bênção ao padrinho.

— Deus te abençoe, meu filho — o tio respondeu tranquilo.

Na voadeira, mantive os olhos na silhueta imóvel do velho na margem com o cachorro. À distância acenei para ele. Respondeu duas vezes com movimentos lentos e o olhar na direção do barco que se afastava.

Manuel Bandeira escreveu: "Um dia eu vi uma moça nuinha no banho/ [...] Foi o meu primeiro alumbramento".

No barco, depois do jantar, Américo contou que as esquisitices do tio haviam se instalado aos dezoito anos.

Um dia, seu Prudêncio descia o rio com a canoa, para trocar três sacos de farinha por provisões em Carvoeiro, povoado antigo situado na margem direita do rio Negro, próximo a Barcelos e visitado pelo naturalista britânico Alfred Wallace no século XIX.

Soprava uma brisa leve que amainava o impacto do sol na pele. As águas refletiam as nuvens com tanta nitidez que ficava impossível discernir no horizonte onde acabava o rio e começava o céu.

Em determinado momento, o jovem Prudêncio avistou um vulto minúsculo muito distante, vindo em sentido contrário pela praia. Estranhou. Conhecia bem o lugar, não havia casas nem vivalma que passasse por lá.

À medida que a canoa se aproximou, ele discerniu a figura de uma mulher de cabelo longo e vestido branco esvoaçante. Quando a embarcação chegou mais perto ainda, foi possível ver os pés descalços da mulher, o andar quase flutuante e os braços morenos à mostra. Ele jamais tinha visto tamanha formosura.

Rente à margem, repousou o remo e deixou a canoa deslizar. Ao passar por ele, a moça se deteve e olhou fundo nos olhos de Prudêncio. A luz desse olhar foi tão intensa que a alma do rapaz transbordou de emoção.

Depois de uma eternidade, ela sorriu, enigmática, deu as costas para a canoa e entrou na floresta.

Ele remou com vigor até a margem, amarrou o barco e correu atrás dela. Não demorou para avistar o vestido branco em movimento no meio das árvores. Acompanhou-a à distância, imaginando que lhe diria estar disposto a segui-la até o fim do mundo, como contaria mais tarde para o sobrinho.

A picada na floresta conduzia a uma praia do outro lado da curva do rio. Atrás das árvores, ele hesitou. Quando criou coragem para abordá-la, já não foi possível vê-la.

Correu a extensão da praia três vezes e se embrenhou na mata. Em vão.

Sentou, desolado, à beira do rio. Nunca havia sentido uma frustração como aquela.

Nesse instante, as águas se moveram a poucos metros dele. No meio da espuma emergiu um boto-cor-de-rosa que o encarou com o mesmo olhar encantador e o sorriso misterioso da moça.

— E desde esse dia — prosseguiu Américo — meu tio perdeu o juízo.

O raio e o gravador

Duas semanas depois dessa viagem ao rio Jaú, Américo foi contratado como prático por um grupo de pescadores que subiria o rio com um barco grande, até as imediações de Santa Isabel, no Médio Rio Negro, região que divide com Barcelos a preferência dos pescadores de tucunaré.

A subida do rio levou dois dias e meio. Na manhã seguinte, ainda no escuro, os homens desceram com a tralha de pesca, acomodaram-se na voadeira metálica pilotada por Américo e partiram na direção de um igarapé a quarenta minutos dali, escolhido pela alta concentração de tucunarés, peixes que atingem dez, doze quilos, brigadores afamados que desafiam as habilidades do pescador.

A pescaria foi bem até ser interrompida por iniciativa de Américo, impressionado pela densidade das nuvens que se formavam logo adiante:

— É melhor achar abrigo. Vem forte.

Foi o tempo de recolher as linhas, ligar o motor e chegar à

margem. Quando desceram, os primeiros pingos já caíam, grossos, prenúncio do temporal que veio em seguida.

O grupo correu para baixo de uma árvore grande. Américo não achou apropriado amarrar a voadeira naquele local, e o fez a cinquenta metros dali. Com as roupas já encharcadas, correu para debaixo de uma árvore torta e se abrigou com o corpo colado ao tronco.

Minutos depois, os pescadores ouviram o estalido de um raio que clareou a mata e o rio e fez tremer a terra. No meio do clarão, viram a silhueta de Américo na chuva, com os braços estendidos em movimentos espásticos, feito um fantoche, dar três passos trôpegos e cair fulminado.

Diria um deles mais tarde:

— Milhares e milhares de árvores naquela floresta, e o raio fez questão de cair justo na que ele estava.

No mês seguinte, voltamos ao rio Negro.

Como eu havia gravado uma das conversas com Américo no convés do *Escola da Natureza*, copiei uma fita para entregar à família como recordação.

Desci do barco em frente à casa dele, nas proximidades da comunidade de Santa Maria. Da margem não se via sinal de presença humana, mas quando subimos a rampa de acesso apareceu um cachorro latindo.

A casinha de madeira estava fechada. Batemos palmas várias vezes até que uma voz respondeu ao longe. Seguimos na direção dela.

Dois homens de boné carpiam um roçado de mandioca. O mais jovem era Isidro, o indígena Baré cunhado de Américo; o outro, atarracado, quase sem sobrancelhas, trazia no rosto as marcas que a hanseníase deixara.

Sob o sol forte, apoiaram-se nas enxadas enquanto expliquei a razão da visita: entregar a fita para a esposa e a filha de Américo.

Isidro contou que ambas tinham viajado para a casa de um parente em Manaus, ficaram apenas ele e a mãe para tomar conta de tudo.

Perguntei se já tinham ouvido uma fita gravada. Responderam que não. Liguei o gravadorzinho à pilha, a voz de Américo se fez ouvir com clareza.

Em sinal de respeito, eles tiraram o boné e permaneceram imóveis com os olhares fixos no gravador. Não disseram uma palavra nem esboçaram um movimento sequer por quase uma hora. Não tive coragem de interromper Américo antes do final da fita.

Os olhos de Neusa

Seu olhar opaco foi o que me chamou a atenção. Sentada num banquinho de madeira, em frente de um casebre de pau a pique, ela contou que era da etnia Desana e tinha 35 anos, a mesma idade do marido, da etnia Kubeo, com quem se casara aos vinte anos e tivera quatro filhos.

O domínio do português era limitado. Os pais só falavam com ela na língua tukano, idioma que ensinou aos filhos, alfabetizados em português na escola.

Os casamentos interétnicos colaboram para o polilinguismo tão prevalente no Alto Rio Negro. O costume de a mulher mudar para a aldeia do marido faz com que ela aprenda o idioma da etnia local. Os filhos falarão a língua da mãe e a do pai.

Nascida em Taracuá, na Cabeça do Cachorro, Neusa conseguiu cursar parte do fundamental antes de a família se mudar para São Gabriel da Cachoeira, cidade em que conheceu o marido, então soldado do Exército.

Depois de oito anos de carreira, ele foi afastado das Forças Armadas por seus superiores, como é a norma com soldados indígenas. Sem salário mensal que lhes permitisse permanecer na cidade, vieram morar em Querari.

Dar baixa do Exército depois dos oito anos deixa o soldado indígena sem salário e sem identidade social. Os rapazes que entram nos quartéis aos dezoito anos, quando saem, aos 26, já passaram muito tempo distantes da vida comunitária de sua aldeia de origem. Sem trabalho, tornam-se presa fácil do alcoolismo e dos narcotraficantes, que se beneficiam das táticas militares e do manejo de armas aprendidos pelos indígenas no quartel.

O dia de Neusa começa às cinco da manhã, ainda no escuro. Para ganhar tempo, coloca lenha para acender o fogão antes de ir tomar banho num igarapé estreito situado a poucos metros de casa. Depois prepara o café da manhã para a família:

— Ponho água na panela para fazer o mingau, que a gente, índio, gosta. Junto a tapioca e mexo. Jogo um pouco de sal para não ficar sem gosto. Depois as crianças vão para a escola e nós, velhos, vamos para a roça.

É função da mulher manter os pés de mandioca livres do mato que cresce entre eles, tarefa exaustiva realizada com golpes de terçado.

Todas as atividades domésticas ficam por conta dela: cozinhar, lavar as roupas no igarapé, alisá-las no ferro a carvão, manter a casa limpa, o chão de terra varrido, regar as plantas e a pequena horta de temperos cultivada numa canoa velha erguida sobre estacas, fora do alcance dos animais. Ela diz estar acostumada com o trabalho:

— Eu nasci assim, vivo desse jeito desde criança. Não tenho profissão. Eu mesmo nunca peguei em dinheiro. Nada, na vida inteira. Quando meu marido saiu do Exército, ele também nunca mais viu a cor do dinheiro. Como a gente ia viver na cidade?

Na beirada do rio conseguiram sobreviver.

— A gente planta banana, abacaxi, açaí, cupuaçu e troca com os militares da guarnição por arroz, feijão, essas coisinhas. Quando o rio fica mais seco, melhora por causa dos peixes para alimentar as crianças. Mas na cheia os peixes desaparecem. O que não pode faltar é quinhampira, todo dia tem.

Quando perguntei se gostava de viver em Querari, Neusa respondeu sem mudar a expressão nem arrefecer a tristeza do olhar:

— Eu gosto daqui morar. Vou morrer aqui. O que eu não gosto é de não ter sustento pra minha família, jantar não é todo dia que tem.

E terminou com uma pequena contração dos lábios que interpretei como um esboço de sorriso:

— Eu sou feliz uma parte também.

Florestas do rio Negro

Quem percorre de avião o trajeto do rio Negro viaja sobre o dossel ininterrupto da floresta, tingido aleatoriamente pelo colorido das flores. O olhar ingênuo pousará numa paisagem aparentemente monótona, como se um manto verde cobrisse aquela imensidão. Nada mais falso, lá embaixo estão florestas tão díspares quanto um cafezal é de uma plantação de eucaliptos.

No período de milhões de anos, até cerca de 15 mil anos atrás, ocorreram vários ciclos de glaciação no planeta, com grandes variações climáticas que exerceram forte pressão seletiva sobre as espécies. Nos períodos de glaciação houve retração das florestas, porque os ambientes se tornaram mais secos e menos habitáveis. Nos períodos interglaciais, condições mais propícias facilitaram a expansão das florestas. A alternância dessas contrações e expansões facilitaria as fragmentações.

Os naturalistas Alfred Wallace e Charles Darwin nos ensinaram que uma espécie animal ou vegetal mantida por muito tempo em ambiente isolado acumula tantas mutações genéticas que acaba se transformando em uma espécie nova.

Plantas em isolamento que sofreram mutações nos períodos de glaciação encontraram, mais tarde, espaços não ocupados por aquelas que não resistiram, possibilitando a criação de novos nichos ecológicos assim que as condições climáticas permitiram. Surgiu, então, a floresta contínua, porém desigual.

Nas áreas mais altas, não sujeitas a inundações periódicas, estão as florestas de terra firme, que formam o dossel ininterrupto da vista aérea. Em virtude da natureza do solo, do volume das chuvas e das diferenças de altitude, esse tapete verde está distante da monotonia.

No Médio e no Alto Rio Negro, a existência de formações montanhosas modifica a composição das plantas e a estrutura das florestas. Nas grandes montanhas como a serra do Aracá, no Médio Rio Negro, e o Yaripo, o ponto culminante do Brasil, com cerca de 3 mil metros de altura, a mata é mais aberta e dominada por arbustos, entremeados por bromélias, orquídeas e outras epífitas.

Nas terras baixas das regiões próximas a Manaus, como a Reserva Florestal Adolpho Ducke, a vegetação é mais fechada, as árvores mais altas e a diversidade maior. Nessas áreas, um hectare de floresta (quadrilátero de cem metros quadrados) pode abrigar mais de duzentas espécies distintas, com troncos que medem mais de dez centímetros de diâmetro, enquanto a mesma área em florestas europeias e norte-americanas contém ao redor de 10% desse número.

Em contraste com as matas contínuas de árvores altas, nos solos de areia branca surgem as campinas, as campinaranas e os campos abertos. Nas campinaranas há concentração de árvores com menos de trinta metros de altura, apenas 30% delas também são encontradas em terra firme.

Nas campinas as espécies são mais baixas. Cerca de 17% delas também estão presentes nas campinaranas e apenas 4% em terra firme. Raríssimas espécies conseguem ocupar os três ambientes ecológicos.

Nos campos abertos, a vegetação nada tem a ver com as imagens estereotipadas das luxuriantes paisagens amazônicas.

Nessas matas mais baixas, a luz consegue penetrar com relativa facilidade até as bromélias agarradas nos troncos e as samambaias do solo. O chão fica repleto de uma camada espessa de folhas caídas sobre um emaranhado de raízes, troncos e galhos cobertos de musgos, briófitas, cogumelos e gravetos que estalam sob os pés do caminhante. É uma experiência inesquecível pisar nesse chão de todas as colorações possíveis entre o verde, o amarelo e o marrom-escuro, berçários de arvorezinhas e palmeiras recém-nascidas à espera de uma oportunidade para chegar ao dossel.

Saber que a floresta inteira depende dos nutrientes contidos nessa camada de matéria orgânica de poucos centímetros, depositada em um solo de argila e areia, é perturbador. Sem as árvores, os raios solares ressecam e inviabilizam essa camada de resíduos orgânicos, além de destruir a rede de microrganismos subterrâneos que lhes dá suporte biológico.

As campinaranas e as campinas exibem poucas espécies de árvores e muitos arbustos. Não ocorre a justaposição de copas que forma um dossel. Cada árvore oferece sustentação para cipós e um número variado de epífitas e hemiepífitas penduradas nos galhos.

Adaptada a esses solos pobres, a vegetação muda de acordo com as particularidades da bacia do rio Negro e com a disponibilidade de água.

Na primeira vez que sobrevoei o Alto Rio Negro, ao ver que uma floresta de terra firme com árvores altas de copas entrelaçadas fazia fronteira com uma campina aberta coalhada de arbustos e com áreas de areias expostas, custei a crer que estava diante de uma mata primária, intocada pelo homem.

De janeiro a julho, as águas da bacia do rio Negro transbordam das calhas dos rios, lagos e igarapés para inundar cerca de 15 mil quilômetros quadrados de mata. Essas áreas são chamadas de igapós ou várzeas.

No período de agosto a novembro, os níveis baixam até retornarem ao leito anterior. A vegetação tem que adaptar seu metabolismo à pressão seletiva introduzida pelos ciclos de cheia e vazante. Para sobreviver, as sementes devem germinar logo e a pequena planta aderir com firmeza ao solo antes de ficar totalmente submersa. Precisa criar raízes de sustentação fortes para não ser arrastada pela correnteza quando vier a cheia. Esse esforço adaptativo exige um investimento de energia que nem todas as espécies estão aptas a realizar. Como consequência, a diversidade nas regiões alagadas é mais baixa.

Existe no mundo 1,5 milhão de espécies de organismos vivos já catalogados, embora especialistas admitam que esse número pode chegar a 5 milhões ou mais. Vivem no Brasil aproximadamente 20% de todas as espécies já descritas, cerca de metade delas na Amazônia.

Florestas são organismos vivos. Algumas árvores vivem séculos; outras, anos. Quando uma delas morre, sua queda derruba as vizinhas e abre uma clareira de tamanho proporcional a seu porte. Nas terras firmes do Baixo Rio Negro, a taxa de mortalidade por causas naturais e de formação de clareiras é de cerca de 1% ao ano por hectare.

As clareiras naturais não ficam desabitadas, pois abrem passagem a raios solares que vão estimular o crescimento de novos indivíduos, que ocuparão o espaço deixado livre.

Nas clareiras abertas pelos indígenas para plantio de mandioca, a destruição é irrelevante, já que as áreas abertas têm em média de meio a um hectare. Seu uso acontece em períodos curtos de cinco a dez anos no máximo. Como nos cinco anos finais a roça é deixada para formar capoeiras, o reflorestamento é rápido e favorece a diversificação das espécies.

Já nas clareiras produzidas pelo fogo para exploração comercial da área, a fragmentação da mata expõe seus limites externos à ação dos ventos e ao isolamento, fatores que modificam a dinâmica natural e aumentam de cinco a trinta vezes as taxas de mortalidade das árvores.

Na floresta fragmentada por incêndios, derrubadas mecânicas e outras intervenções do homem predador, morrerão anualmente de trinta a 180 árvores por hectare. O crescimento da população jovem dificilmente será capaz de repor essas perdas.

Além de expor as bordas das clareiras à ação dos ventos, o desaparecimento de tantas árvores altera as condições climáticas no interior dos fragmentos que resistiram, causando elevação da temperatura e redução da umidade. As novas condições modificam a estrutura da floresta, que se vê imediatamente invadida por cipós e trepadeiras, que levam a vantagem de não precisar investir energia na formação de caules, como as árvores são obrigadas a fazer.

Se as florestas encantam pessoas que chegam a viajar centenas ou milhares de quilômetros apenas para admirá-las, por que a botânica não é ensinada de modo a extrair das crianças esse interesse latente? Embora necessária, por que insistir unicamente na morfologia vegetal, campo mais árido, em vez de privilegiar a estratégia de sobrevivência que cada planta emprega para alcançar os raios solares, essenciais para a fotossíntese realizada pela clorofila das folhas, placas desenhadas para captar a energia irradiada pelo sol?

Se as crianças compreenderem o mecanismo de seleção das mais aptas e da eliminação das incapazes de se adaptar às intempéries do ambiente, terão entendido os caminhos que a vida trilhou em nosso planeta.

Guerras e escravidão

— Esse rio não devia ser negro, mas vermelho da cor do sangue derramado nas suas margens.

Ouvi essa frase de seu Domingos, indígena Pira-tapuya de cabelo branco que conheci num dos corredores do colégio salesiano de Barcelos.

Os primeiros brancos a se aventurar pelo Negro encontraram barreiras intransponíveis: corredeiras perigosas, penhascos e montanhas na parte alta do rio. Etnias indígenas aguerridas na defesa de suas terras contra invasores e febres epidêmicas mantiveram-nos a distâncias prudentes por mais de duzentos anos.

Apesar das dificuldades, datam do século XVI os relatos mais antigos de expedições que exploraram a região logo depois que os europeus penetraram nas Américas. A motivação para empreitada tão cheia de perigos era encontrar a Gran Manoa do El Dorado, sonho que povoou o imaginário de espanhóis, portugueses, franceses, holandeses e ingleses.

A Gran Manoa seria uma cidade nas margens do lago Parimá,

na Guiana, edificada com ouro pelos peruanos em fuga dos invasores espanhóis, segundo acreditavam. O inglês Sir Walter Raleigh, explorador, corsário e escritor, contribuiria para a disseminação dessa lenda entre os europeus ao descrever a cidade de ouro num livro de 1596. A crendice europeia manteve essa história viva por séculos.

O ouvidor da capitania de São José do Rio Negro, Francisco Xavier Ribeiro de Sampaio, descreveria aproximadamente em 1775 a viagem do espanhol Francisco Orellana, que no longínquo 1542 partiu de Quito numa longa expedição que chegou à foz do rio Amazonas. Nela, o escrivão de bordo descreveu a boca de "um rio de água negra como tinta".

De fato, documentos mostram que portugueses, espanhóis, franceses, ingleses, além dos holandeses que chegaram às Guianas pelo Caribe, aventuraram-se a conquistar os interiores do Alto Rio Negro, esperançosos de encontrar os caminhos para a fortuna no El Dorado.

Durante muitos anos, as expedições portuguesas ao rio Negro foram organizadas com três objetivos: encontrar o El Dorado, repelir as ameaças reais ou imaginárias dos holandeses da Guiana e escravizar indígenas. É provável que nem todos os exploradores, homens capazes de dominar a tecnologia naval mais avançada da época, fossem crédulos a ponto de confundir realidade com relatos tão fantasiosos. Como escreveu no século XVI um dos mais inspirados escritores da língua portuguesa de todos os tempos, o padre Antônio Vieira: "Cativar índios e tirar de suas veias o ouro vermelho foi sempre a mina daquele Estado [do Maranhão e Grão-Pará]".

Uma expedição portuguesa comandada por Pedro Teixeira, que em 1637 partiu de Belém do Pará com destino a Quito, levou a bordo o jesuíta Cristóbal de Acuña, que, ao retornar a Belém, falou da existência de doze grupos indígenas no rio Negro, desaconselhando a "caça de escravos" nelas, por se tratar de guerreiros belicosos que viviam em lugares muito distantes.

Relatos esparsos de precisão, procedência e autorias questionáveis sugerem que havia paz e cooperação mútua entre grupos indígenas descendentes de ascendentes comuns. Escaramuças entre famílias próximas aconteceriam, mas de forma ocasional e seriam de curta duração. As batalhas mais violentas envolveriam etnias com laços sanguíneos distantes, pertencentes a grupos linguísticos distintos, separadas por distâncias geográficas maiores.

Mesmo entre indígenas tradicionalmente mais agressivos como os Baniwa e os Koripako, habitantes da bacia do rio Içana, afluente do Negro, as guerras não tinham como finalidade anexar territórios e/ou dominar politicamente o inimigo, mas destruí-lo. O objetivo dos conflitos era a vingança, punir ultrajes cometidos pelos rivais e capturar prisioneiros.

Ofensas a um membro do grupo podiam gerar retaliações mútuas que evoluíam em surtos de duração variável. As hostilidades chegavam ao fim mediadas por pactos de paz, muitas vezes selados com a permuta de mulheres para servir de esposas aos guerreiros, com a finalidade de criar laços familiares e fortalecer os grupos envolvidos.

A captura de prisioneiros era uma parte intrínseca da guerra pelo poder. Além do rapto de mulheres jovens para servir de esposas, havia o rapto de meninas e meninos, com o objetivo de aumentar o número de indivíduos do grupo e arregimentar futuros guerreiros. Muitas dessas crianças seriam vendidas para os brancos, ou trocadas por mercadorias e armas de fogo, ou criadas como filhos e filhas das comunidades que as acolhiam.

Historiadores e antropólogos concordam sobre evidências de que, entre algumas etnias, o canibalismo era praticado como uma forma extrema de vingança ou de apropriação das qualidades alheias.

Nicolas Journet, historiador e etnólogo que escreveu sobre a estrutura social dos Koripako, analisou as semelhanças entre o tratamento que eles dispensavam aos inimigos mortos em batalha e aos porcos selvagens caçados na floresta.

Para os Koripako, os adversários mortos deveriam ser tratados como os animais, devendo ter o corpo "despedaçado, assado e repartido" com os guerreiros da aldeia, em refeições precedidas por rituais com cantos e danças, para evitar que o espírito do morto atraísse maus presságios.

Cacique Ajuricaba

Epidemias de varíola devastaram as populações do Baixo Rio Amazonas desde os primeiros contatos com os portugueses. A estratégia lusitana de concentrar os indígenas em certas localidades, para melhor catequizá-los e escravizá-los, facilitava o contágio e a disseminação do vírus, contra o qual as defesas deles eram impotentes. Os surtos ocorridos no fim do século XVII provocaram tantas mortes que despovoaram o Baixo Rio Amazonas e reduziram a oferta de mão de obra. Para enfrentar a escassez de indígenas a serem escravizados, os portugueses organizaram expedições para subir os rios Amazonas e Negro. Conhecidas como "pegas", tais incursões tinham como objetivo aprisionar adultos e crianças para as operações de "descimento", que os transportavam para a região de Belém, capital da colônia do Grão-Pará e Maranhão.

Seu Luiz Coelho, o mateiro do nosso projeto, contava que nas margens do rio Urubu, de águas negras que deságuam no Amazonas, foram trucidados tantos indígenas da etnia Mura que o rio ganhou esse nome por causa da quantidade de urubus que sobrevoavam os corpos.

A reação violenta das aldeias invadidas, no entanto, tornava os pegos empreendimentos dispendiosos, arriscados e com um grande número de baixas. Entre os povos que mais se destacavam na defesa de suas aldeias estavam os Manao e seus aliados Mayapena, habitantes do Médio Rio Negro, área em que mais tarde surgiriam Barcelos e Santa Isabel.

Navegadores hábeis que dominavam o comércio desde o rio Amazonas até as regiões pré-andinas, os Manao eram o povo mais poderoso ao longo do rio Negro. Viviam em luta contra grupos menores, os quais subjugavam de acordo com seus interesses.

O cacique Ajuricaba era um Manao nascido no Médio Rio Negro, em data imprecisa. Suas origens são obscuras. Possivelmente educado por jesuítas, passou muitos anos longe de sua aldeia até a morte de seu pai e de vários parentes nas mãos dos portugueses.

Como estratégia para defender seu povo e se vingar dos agressores, Ajuricaba fez uma aliança com Laurens van's Gravesande, governador da vizinha Guiana Holandesa, por meio da qual os holandeses forneciam ferramentas e armas de fogo em troca de produtos da floresta e indígenas de outras etnias aprisionados pelos Manao. Autoproclamado rei de Gran Manoa, em sua canoa tremulava a bandeira da Holanda.

Preocupado com a influência de um país estrangeiro, Diogo Vaz de Sequeira, governador-geral do Grão-Pará, enviou para a região o português Maurício de Heriarte, que escreveu:

> É este rio povoado de inumerável gentio. Têm um principal na boca, que fica na das Amazonas, que é como o rei [...]. Tem debaixo de seu domínio muitas aldeias de diversas nações, e delas é obedecido com grande respeito. [...] As aldeias e povos dos naturais deste rio são grandes, e as casas redondas fortificadas com

estacadas como casas-fortes. Povoando-se este rio de portugueses se pode fazer um Império, e senhorear todo o das Amazonas e mais rios.

A ameaça dos holandeses à integridade do território colonial e a antevisão de um império lusitano amazônico foram os motivos alegados pelo rei d. João v para declarar guerra à coligação entre os Manao e os Mayapena.

Entre 1723 e 1728, as aldeias situadas no Baixo e no Médio Rio Negro foram palco de combates sangrentos, que só terminaram com o envio sucessivo de reforços de soldados e canhões, que disparavam a partir das embarcações portuguesas contra as palhoças indígenas ao longo do rio, espalhando terror e morte pelas aldeias que se rebelavam contra o jugo dos invasores.

Os indígenas respondiam com emboscadas que causavam pesadas baixas no inimigo. Com táticas semelhantes às de guerrilha, a confederação de povos do rio Negro mobilizada por Ajuricaba resistiu por anos ao poderio militar dos colonizadores.

No fim, junto com 2 mil prisioneiros (os relatos são imprecisos), o cacique foi posto a ferros e embarcado para ser vendido em Belém. Ainda assim, na descida do rio Negro, Ajuricaba liderou um grupo de homens para atacar os soldados que os escoltavam na canoa. A tentativa fracassou.

Apesar de acorrentado, ele conseguiu se atirar nas águas escuras do rio. O gesto que lhe custou a vida fez nascer o mito da figura heroica, venerada por gerações de ribeirinhos que, desde então, aguardam seu retorno ao rio Negro para libertá-los. A notícia de sua morte chegou a Lisboa em setembro de 1727.

Nos anos 1990, seu Pedro, indígena Baniwa que conheci em Barcelos, estava convencido:

— Ajuricaba está vivo. Vai voltar para vingar nosso povo. As águas do rio Negro resistem pra se misturar com as do Solimões, só pra demarcar o lugar em que o cacique se jogou no rio.

Companheiros de viagem

Quando o dono do barco disse que havia espaço para pendurar nossas redes, achei impossível. Era tanta gente deitada que parecia não caber mais ninguém, muito menos nós quatro.

Em meados de 2001, viajei para o Alto Rio Negro, dessa vez num barco de carreira, desses que sobem de Manaus para São Gabriel da Cachoeira com porões abarrotados de material de construção, móveis, canoas velhas, sacos de mantimentos, lataria, fardos de roupas, toneladas de garrafas PET com refrigerantes e o que mais seja de interesse para a vida nas comunidades e cidades ribeirinhas. No térreo dessas embarcações os passageiros viajam em redes multicoloridas, que, à noite, conferem ao espaço um clima de festa junina. No andar de cima, pode haver outras traves para pendurar redes ou uma plataforma para ser usada como área de lazer, função semelhante à das lajes nas casas de periferia das cidades brasileiras.

Na época, o botânico Alexandre Oliveira e eu imaginávamos que seria possível delimitar e cercar três grupos de parcelas de árvores em três alturas do rio, a centenas de quilômetros uma da outra: uma no Baixo Rio Negro (às margens do rio Cuieiras), outra no Médio (nas proximidades de Barcelos), e a terceira no Alto Rio Negro (na região de São Gabriel da Cachoeira).

Na parte baixa do rio, junto à foz do Cuieiras, já tínhamos cercado um grupo de três parcelas de um hectare cada e colocado placas metálicas com números de identificação em todas as árvores com tronco de mais de dez centímetros de diâmetro, medidos na altura do peito, como recomendam os manuais de botânica. Nosso plano era formar parcelas com as mesmas características nas outras localidades.

Se conseguíssemos superar o problema logístico, criaríamos condições para estudar de forma comparativa a taxonomia e a diversidade da flora em três alturas do rio. A originalidade e a relevância científica do projeto me ajudaram a convencer a direção da Unip a financiá-lo.

Planejamos ir de avião a Barcelos, para avaliar as características das áreas e da vegetação; depois seguiríamos até São Gabriel no tal barco de carreira. Convidei para ir conosco — Alexandre e eu — um sobrinho de dezenove anos, Mário, e o músico e escritor Paulo Garfunkel, criador do Vira Lata, o herói dos gibis educativos de prevenção à aids, que naqueles anos distribuíamos com regularidade aos presos do Carandiru.

Quando o avião a hélice aterrissou em Barcelos, havia uma banda perfilada junto à pista. Ao desembarcarmos, os músicos atacaram uma marcha mambembe animada pelo estouro de rojões. Fiquei impressionado com a recepção triunfal e com o alcance do *Fantástico*. A surpresa dos meus companheiros não foi menor; não imaginavam que em apenas dois anos eu tivesse alcançado tamanha popularidade nacional falando de saúde no programa das noites de domingo na TV Globo.

Estávamos enganados: passei pelo povo sem ser reconhecido por ninguém. Quem recebia cumprimentos efusivos, sorrisos e abraços com tapinhas nas costas era um homem de camisa estampada que desembarcara do mesmo avião. Tratava-se de José Beleza, o prefeito de Barcelos, que decretara ponto facultativo para os funcionários participarem da recepção festiva em sua homenagem.

Depois de três dias na cidade, arrumamos as mochilas para partir no *Tanaka*, embarcação que fazia a linha Manaus-São Gabriel, com escala em Barcelos prevista para a meia-noite. Para esperar, sentamos junto ao balcão de um barzinho na praça, em frente ao local em que o barco atracaria.

José Beleza chegou logo depois:

— Vim pedir desculpas por não ter recebido os senhores com as honrarias que visitantes tão ilustres merecem. Fui impedido por uma viagem a Manaus, para reivindicar a solução de graves problemas da prefeitura.

O prefeito falou da pobreza da população e das dificuldades para administrar o segundo maior município em extensão do país, mantido à custa do Fundo de Participação dos Municípios, das aposentadorias, dos salários do funcionalismo e do Bolsa Família, recursos sem os quais não havia como financiar escolas, atendimento médico e demais serviços nem pagar os salários dos servidores.

Quando estranhei que uma cidade com 24 mil habitantes (na época) tivesse mais de setecentos funcionários públicos, ele argumentou que era a única forma de garantir a subsistência dos moradores. Acrescentou ser problemático arranjar o que fazer para tanta gente, inconveniente que ele contornava com a distribuição de tarefas simples, como pintar de branco as guias das calçadas, "medida que pelo menos embelezava as ruas", justificativa desmentida pelos respingos de tinta que borravam o meio-fio.

Quis saber para onde iríamos com as mochilas àquela hora da noite. Quando dissemos que esperávamos o *Tanaka*, ficou surpreso:

— O *Tanaka*? Ele não vem, não. Está descendo o Amazonas a caminho de Parintins. Encontrei o proprietário em Manaus.

Ele riu quando dissemos que tínhamos passagens reservadas.

— Aqui eles mudam o roteiro de uma hora para outra, quando aparece uma viagem mais lucrativa.

Em todo caso, ainda havia esperança.

— Tem outro barco que vai passar por aqui, mas ele não tem hora certa, pode ser esta noite ou amanhã de manhã.

— Quanto tempo dura a escala dele aqui?

Ele riu outra vez.

— Não tem escala nenhuma. É o tempo dele descarregar e ir embora.

Dada a adversidade das circunstâncias, decidimos deixar um de nós de plantão. Caso o barco chegasse, ele chamaria os demais no hotelzinho em que estávamos hospedados ao custo de cinco reais (dois dólares na época) por quarto. Meu sobrinho Mário se ofereceu para cobrir o primeiro turno.

Eu mal tinha acabado de pegar no sono, de roupa e tudo, quando ele bateu na porta.

— O barco chegou, precisa correr, só vai ficar quinze minutos. Está lotado.

De fato estava. Felizmente, o comandante conseguiu pendurar nossas redes. A minha ficou encostada na de uma jovem indígena deitada numa rede roxa com o filho de uns dois anos. A um palmo acima da minha cabeça, viajava o marido dela na rede mais bonita que eu já tinha visto, tecida com fios amarelos e vermelhos. O casal era da etnia Tukano.

A acomodação exigia cuidados: a rede da moça ficava tão colada à minha que fui obrigado a me deitar virado para o lado oposto, para não causar constrangimento. Na hora de levantar, eu precisava rolar para o chão primeiro e só depois erguer o corpo, e com cuidado, evitando bater a cabeça ou esbarrar nas redes vizinhas.

Acordei antes de clarear. Por sorte, encontrei um dos banheiros vazio. Havia quatro deles, minúsculos, para atender às necessidades de mais de duzentos passageiros.

Numa parede junto à proa, li que a lotação máxima permitida era de 120 pessoas. Ali viajava o dobro desse número, ou mais. Se naufragássemos, seríamos personagens de mais um desses desastres que se repetem com frequência nos rios amazônicos.

Pelo menos três quartos dos passageiros eram indígenas que retornavam de Manaus com passagem paga pelo governo do estado; os demais eram ribeirinhos, pequenos comerciantes, operários, mulheres e muitas crianças.

Enfrentei sem sofrer as noites na rede. O indígena deitado a um palmo do meu nariz, que era o marido da moça ao meu lado, passava os dias tamborilando num joguinho eletrônico. Nas vezes em que tentei me comunicar com ele, recebi respostas monossilábicas e tão incompreensíveis que fiquei na dúvida se ele falava português.

No fim da viagem, tomei coragem e propus trocar minha rede pela dele. Perguntei quanto ele queria pela troca. Ele me respondeu, desconfiado:

— Sua rede é de casal, a minha é de solteiro, por que você quer trocar por uma pior?

— Porque a sua é mais bonita.

Fizemos a troca. Quando lhe entreguei duas notas de cinquenta reais, ele segurou a rede:

— Não vale tudo isso.

— Vale. É mais bonita — eu disse.

Tenho essa rede até hoje. Não me canso de olhar para ela, os fios brilham quando bate o sol.

O menino no colo da mãe, com quem eu praticamente dividia o leito, era um santinho: falava baixo, mamava em silêncio no seio materno, andava pelo convés sem correr e não acordou uma vez sequer nas três noites que passamos lado a lado.

A dificuldade surgia nas refeições. Assim que as panelas eram postas sobre a mesa, todos se aglomeravam em volta delas. Eu, que fujo de fila até em jantar de gente chique, me vi no impasse de encarar a multidão esfaimada ou passar fome. Fui salvo por uma cozinheira que me reconheceu da televisão. Terminada a confusão, ela me trazia um prato delicioso de feijão de caldo grosso e farinha de mandioca.

Na primeira manhã da viagem, notei um movimento estranho de quatro homens que viajavam separados, mas trocavam algumas palavras em voz baixa quando passavam um pelo outro. Nas duas primeiras paradas para desembarcar passageiros e mercadorias na comunidade, eles desceram antes e se posicionaram em pontos que lhes permitiam observar quem chegava para receber os parentes que desciam do barco com as bagagens e as encomendas.

Quando acabava o descarregamento, os quatro eram os últimos a retornar. A bordo, vestiam camiseta regata, mas na hora de descer apareciam com camisas sociais folgadas ou blusões inadequados para tanto calor. Estariam armados?

No andar de cima do barco, havia uma área aberta com mesas e cadeiras de plástico, um freezer e uma geladeira com cervejas. Quando meus amigos e eu sentamos a uma das mesinhas, falei das atitudes e dos movimentos suspeitos daqueles homens. Não me levaram a sério; pelo contrário, disseram que o Carandiru tinha perturbado meu espírito e que eu via bandidos em todos os lugares.

No dia seguinte, minhas suspeições se aguçaram. Não tinha dúvida de que o barco transportava algo ilegal, mas o quê? Droga não podia ser, porque a cocaína que circula na região não sobe o rio, é produzida na Colômbia. Seria alguma mercadoria contrabandeada para um país vizinho, mas qual?

Tomávamos cerveja no deque antes do almoço, quando dois dos suspeitos apareceram com a mesma intenção. O mais alto era um negro corpulento com cara de bravo; o mais baixo, branco, tinha uma cicatriz que ia desde o canto do olho esquerdo até a mandíbula, golpe que por sorte não o deixara cego.

Convidei-os a se juntar a nós e lhes oferecemos a primeira cerveja. A sequência de garrafas esvaziadas tornou a conversa descontraída como a de velhos companheiros, desde que não fizéssemos perguntas sobre os motivos da viagem deles, ocasiões em que deram respostas como "a trabalho" ou "visitar conhecidos".

Em seguida, os dois que faltavam se aproximaram de nossa mesa com ar ressabiado. Só aceitaram o convite para puxar uma cadeira quando o cara de bravo se dirigiu a eles:

— Senta, os amigos são gente boa.

O mais gordo mostrava bordas de ouro nos dentes da frente, o outro tinha um olhar nostálgico, cabelo preto e sotaque nordestino.

O de ouro nos dentes me reconheceu:

— Vocês nem imaginam quem é esse homem; ele passa no *Fantástico*. É autor do livro *Estação Carandiru*, é médico lá na cadeia.

Virei o centro das atenções. Quiseram saber da vida no presídio, das leis que o mundo do crime impõe, das fugas, de como eram as celas e, sobretudo, do massacre de 1992. Foi difícil mudar de assunto.

O mais gordo e de dentes de ouro tinha sido garimpeiro por mais de dez anos e agora dizia trabalhar com vendas. Quando Mário perguntou o que ele vendia, respondeu "diversas mercadorias". O de olhos tristes tinha sido o comandante do *Barco do Amor*.

O *Barco do Amor*

Raimundo, o de ar tristonho, viera do Rio Grande do Norte, atraído pela descoberta de ouro em Santa Isabel do Rio Negro, ocorrida na década de 1980.

Contou que juntara todas as economias para a viagem até a cidade, um povoado pacato e em decadência desde que o extrativismo de borracha perdera a lucratividade e os donos dos armazéns que comercializavam piaçaba, castanhas e peixes foram embora.

O ouro encontrado no leito do rio subverteu a ordem local. As primeiras balsas com garimpeiros acabaram com o sossego das ruas, o custo dos alimentos explodiu, as ferramentas desapareceram das lojas, os peixes foram intoxicados pelo mercúrio, a caça se refugiou na mata virgem e as mortes se multiplicaram:

— Não tinha semana que não descesse um cadáver pelo rio. Às vezes desciam dois ou três.

Quando um programa jornalístico de uma rede de TV denunciou as transformações locais provocadas pelo garimpo ilegal, a febre do ouro se espalhou pelo país. Raimundo disse:

— Quando eu cheguei para mergulhar, tinha uma dúzia de balsas. Depois da reportagem, vinham dezenas por semana. Em poucos dias eram mais de mil ancoradas.

Sua função era mergulhar com um peso de chumbo atado ao corpo e com a máscara ligada à mangueira que trazia o ar bombeado de cima, na balsa. Cavava a terra do fundo do rio, colocava num balde e dava três puxões na corda que prendia o balde à balsa para avisar o companheiro de que ele podia recolher a terra para a peneiragem com o mercúrio, que denunciaria a presença do vil metal.

Era preciso ficar esperto:

— Quando o garimpeiro achava uma pepita maior, o companheiro de cima e o dono da balsa podiam esquecer de bombear o ar. Acontecia também que um dos mergulhadores ali do lado cortava a mangueira para roubar a pepita. Com aquele peso amarrado no corpo, era morte certa.

No auge da febre do ouro, ele entendeu que corria o risco de morrer com o escafandro embaixo das águas ou numa disputa qualquer, enquanto o patrão da balsa e os que compravam o ouro vendido por ele ficavam ricos sem correr perigo.

— O garimpo é ilusão de trouxa, doutor: para um que ganha sobram duzentos que passam necessidade.

Decidiu mudar de ramo, pensou em alugar um barco grande para montar uma boate no meio do rio. Os amigos que consultou tentaram dissuadi-lo, um deles foi categórico:

— Os dois últimos que tiveram boate por aqui amanheceram comidos pelos peixes.

Raimundo não se deixou abater. Não cometeria os erros de seus antecessores, tomaria todos os cuidados na operação.

Com o barco, arregimentava as mulheres em Manaus.

— Primeiro eu conferia a carteira de identidade, nunca levei de menor. Entregava uma cesta básica, porque elas sempre deixam um filho com alguém da família ou da vizinhança. No barco, a alimentação e o alojamento ficavam por minha conta.

O *Barco do Amor* ancorava no meio das balsas. A cozinheira preparava mandioca frita, isca de peixe, azeitona e torresmo para servir à freguesia.

— Só coisa que bêbado gosta.

O lucro vinha das bebidas e do aluguel dos quartos para os encontros, com preços proporcionais ao tempo de ocupação.

— Uma rapidinha custava um grama, a noite inteira cinco gramas ou mais, conforme o cliente. O que a mulher cobrava era dela, nunca recebi comissão. Não gosto de explorar, não sou cafetão.

Ao subir no barco, o cliente se dirigia ao bar e entregava a Raimundo um saquinho com a quantidade de ouro que pretendia gastar. Na presença do cliente, ele aferia o peso na balança em cima do balcão e guardava o saquinho com o nome do garimpeiro. A lista de preços ficava afixada bem à vista.

— Às vezes um homem caía de bêbado e saía carregado pelos amigos. No dia seguinte ele aparecia para acertar a conta. Tudo na base da confiança e honestidade. Nem podia ser diferente, todo mundo andava armado.

— Todo mundo? E não tinha briga? Ninguém morria?

— Nunca aconteceu, doutor. Todo mundo armado dá na mesma que todo mundo desarmado.

A cada quinze dias, ele levava as mulheres de volta e repetia a operação com um grupo novo.

— Precisava trocar, mulher se apaixona fácil. Se ficasse mais de duas semanas, ela podia se apaixonar por um garimpeiro ou ele por ela. Aí dava morte.

Durante a viagem para São Gabriel, que durou três noites e quase quatro dias, surgiu uma camaradagem entre nós. O rapaz da cicatriz junto ao olho se esforçou para ficar meu amigo. Logo cedo vinha conversar e me convidar para tomar cerveja, eu precisava dizer que não podia beber antes do meio-dia. Invariavelmente, o assunto era a cadeia. Ele chegou a confessar:

— Meu sonho é conhecer o Carandiru.

— Muda de vida, para não realizar esse sonho antes do que você imagina — eu disse.

Ele não demonstrou surpresa:

— Já entendeu, né, doutor? O senhor tem experiência. Depois da primeira cerveja que tomamos juntos falei pros parceiros que a gente não ia conseguir enganar um cadeeiro como o senhor.

Abreviei a conversa. Havia aprendido na cadeia a máxima: "Há conversas que queimam a língua de quem fala e os ouvidos de quem escuta".

Dias depois, o general que comandava a guarnição de São Gabriel me contou que um dos maiores desafios era impedir que a cocaína para abastecer Manaus e a exportação para a Europa fosse financiada pelas armas vendidas para as Farc, a guerrilha colombiana, do outro lado da fronteira.

Levavam armas rio acima, pagas com a pasta de cocaína para ser transportada rio abaixo, até o porto de Manaus. Fazia todo sentido.

Em 2024, foi publicado o estudo *Cartografias da violência na Amazônia*, mostrando a existência de dezenove grupos criminosos em ação nos nove estados que compõem a Amazônia Legal. Entre eles estavam PCC, Comando Vermelho, Família do Norte e outras facções brasileiras, colombianas, venezuelanas, bolivianas e peruanas, que ampliaram suas atividades para além do tráfico: exploração ilegal de madeira, garimpo, invasão de reservas indígenas, grilagem e extorsão miliciana das populações locais.

Diante da organização e das taxas de letalidade das quadrilhas atuais, meus companheiros de viagem não passavam de principiantes.

Guerras justas e tropas de resgate

Euclides da Cunha, em *À margem da história*, diz que na entrada de Manaus existe uma ilha chamada Marapatá: "É o mais original dos lazaretos — um lazareto de almas! Ali, dizem, o recém-vindo deixa a consciência...".

A derrota dos Manao abriu para os invasores as portas de acesso aos povos que viviam rio acima sem contato com os brancos. Dessa forma, os portugueses puderam assumir o comando do tráfico dos indígenas sobreviventes, para submetê-los à evangelização e ao confinamento nos aldeamentos jesuíticos que, mais tarde, sob o comando dos padres carmelitas, se transformariam em entrepostos comerciais para a venda de homens, mulheres e crianças.

Com a intenção de aplacar improváveis dramas de consciência cristã e justificar os crimes que cometiam contra a população original, a criatividade lusa engendrou duas estratégias diabólicas: as guerras justas e as tropas de resgate.

As guerras justas eram deflagradas toda vez que um povo atacava europeus sem que estes considerassem ter havido um motivo justificado. Já a justificativa para a intervenção armada das tropas era piedosa, baseada no pretexto de que todas as etnias seriam compostas de canibais implacáveis que guerreavam entre si para aprisionar seus semelhantes com a finalidade de servi-los nas refeições ou reduzi-los à condição de servos. Diante de tamanha crueldade, cabia ao branco "civilizado" cumprir os desígnios de Deus e resgatá-los das garras de seus algozes.

Para tanto, era imperioso comprá-los ou trocá-los por mercadorias em nome da Igreja católica, para que recebessem os ensinamentos religiosos ministrados pelo capelão que invariavelmente acompanhava as tropas, formadas por soldados e combatentes indígenas recrutados à força no Baixo Amazonas.

Pela salvação daquelas almas consideradas "selvagens", os brancos exigiam uma compensação: os gastos com a operação de resgate deveriam ser ressarcidos pelos ex-pagãos tornados livres por meio de trabalho não remunerado e por um tempo proporcional ao montante despendido. A palavra "escravização" era omitida dos relatórios oficiais.

Ao visitar a região, o naturalista alemão Alexander von Humboldt observou: "A partir de 1737 as visitas dos portugueses ao Alto Rio Negro e ao rio Orinoco se tornaram mais frequentes. Eles trocavam escravos por machados, anzóis e miçangas. Induziam as tribos indígenas a guerrear entre si".

A tese do historiador David Sweet dá ideia das dimensões da mortandade:

> Os documentos desse período não deixam dúvida de que no mínimo mil escravos eram levados ao Pará a cada ano, tanto durante essa década como antes. Essa estimativa não leva em consideração que talvez um número equivalente tenha migrado em razão dos descimentos, levados a cabo pelos padres jesuítas, carmelitas e mercedários das missões do alto curso do rio, para aldeamentos nas terras baixas dos vales.

No período de 1730 até o início dos anos 1750, as principais tropas de resgate contaram com os préstimos do jesuíta italiano Achilles Maria Avogadri, instalado em Mariuá (atual Barcelos), o maior arraial de indígenas escravizados da bacia do rio Negro. Ao lado das tropas oficiais, atuavam por conta própria aventureiros que faziam acordos paralelos com os chefes indígenas para aprisionar inimigos e vendê-los às tropas de resgate ou a particulares, como melhor lhes aprouvesse.

Relatos do padre Avogadri revelaram que entre 1730 e 1740 ele próprio batizou cerca de 6 mil indígenas, enquanto outros 20 mil habitantes do Alto Rio Negro foram desalojados de suas terras em operações de descimento.

Depois de viajar pelo rio Orinoco em 1744, o jesuíta espanhol Manuel Ramón enviou ao rei de seu país o seguinte relatório:

> Os danos que fazem e as mortes que causam para capturar a tantos, não se pode saber. O certo é que serão mais numerosos os que perdem a vida do que os tornados cativos, porque entram a ferro e fogo e sangue entre os gentios, tirando a vida dos que lhes resistem e aprisionando os que não têm força para tanto. Prendem grilhões nas mãos e nos pés dos adultos e os colocam em canoas [...] para levá-los ao Pará. Muitos deles são arrancados dos domínios de Vossa Real Coroa, [...] sem que haja forças que o possam impedir.

As epidemias de varíola, sarampo, tuberculose, malária e de outras doenças infecciosas, aliadas à ambição escravagista dos invasores, transportaram rio abaixo tantos indígenas e exterminaram tantos deles que muitas áreas da bacia do rio Negro ficaram praticamente desertas. No Alto Rio Içana, terra dos guerreiros Baniwa e Koripako, a destruição das aldeias desorganizou a estrutura social dos que sobreviveram.

Como consequência das guerras de extermínio do período de 1720 a 1740, mais da metade do trajeto que vai da boca do rio Negro ao último assentamento português ficou despovoada.

Em 1755, o governo de Portugal proibiu a escravização dos indígenas e passou a considerá-los vassalos da Coroa. Pela primeira vez florescia a ideia de que eles deviam ter direitos semelhantes aos dos brancos.

Graças ao apelo dos colonos, no entanto, a Coroa logo cedeu, instituindo um novo sistema de trabalho. Parte dos homens com boa saúde trabalharia na construção de casas nas vilas coloniais, enquanto outra parte seguiria para o extrativismo. A nova ordem não impediu que prosseguissem os aldeamentos e os deslocamentos de populações rio abaixo.

Cobra-canoa

Seu Francisco e eu sentamos no pequeno alpendre de uma casa de madeira junto ao rio, em Santa Isabel do Rio Negro. Indígena da etnia Tukano, educado no internato salesiano da cidade, onde estudou dos dez aos quinze anos, contou que ainda criança ouviu dos mais velhos da aldeia a história da criação da humanidade que povoou o rio Negro.

— Era muito diferente da que os padres ensinavam, Adão e Eva, o paraíso, a serpente, o pecado, essas coisas.

Pai de cinco filhos adultos que lhe deram tantos netos que ele não era capaz de decorar os nomes, tinha chegado aos 65 anos quase sem cabelos brancos, com boa saúde e disposição.

Segundo ele, no início dos tempos:

— Tudo era escuridão. Não existia luz, sol, estrelas, mata, rios, peixes, seres humanos nem animais, só o Avô do Universo.

— E quem criou o Avô?

— Ninguém, ele apareceu por si mesmo.

Um dia esse Avô se cansou das trevas:

— Ele falou: vou fazer um mundo de luz, águas, terras, dias e noites, florestas, ventos, chuvas, peixes e outros animais, e também vou criar seres humanos. Então, ali onde o sol nasce, ele fez surgir o Lago de Leite. Muitos dizem que foi na baía da Guanabara e que o Pão de Açúcar seria os seios da mulher que produziram o leite. Eu tenho dúvida, como eles podiam saber que o Pão de Açúcar existia?

O Lago de Leite é uma lenda de tradição oral entre os Tukano como seu Francisco e outros povos do Alto Rio Negro. O lago teria dado origem ao Rio de Leite (o rio Negro), mito que representa o fluxo da vida, da fecundidade e da abundância, ligado à nutrição espiritual e física, fonte da vida e da energia vital.

O rio é considerado sagrado pelos povos da região por ter sido a morada dos ancestrais e de espíritos que transmitem sabedoria e entendimento. É parte de um sistema de águas espirituais encarregado de conectar os povos indígenas da região, que compartilham histórias e visões semelhantes sobre o cosmos e o fluxo da vida.

Seu Francisco contou que o Avô do Universo fez aparecer uma anaconda, cobra gigante que ele transformou numa canoa muito bonita: a Cobra-canoa. A anaconda é um animal sagrado para os Koripako e outros povos do rio Negro.

— Depois ele criou a gente de transformação, com a intenção de fazer os seres humanos. Foi assim que os nossos ancestrais partiram dentro dessa canoa de transformação, na direção do sol, margeando a costa do Brasil até dar a volta e chegar na boca do rio Amazonas.

Seguiram pelo rio Amazonas até a foz do Negro.

— No encontro das águas, a canoa ficou na dúvida se entrava pelo Solimões, mas decidiu entrar pelo Rio de Leite. Navegaram pelo rio Negro até a boca do rio Uaupés e subiram contra a corrente com destino à cachoeira de Ipanoré.

Ao longo desse trajeto, a Cobra-canoa fez diversas paradas para desembarcar os ancestrais que formariam os povos do Alto Rio Negro: Desana, Pira-tapuya, Tukano, Hupda, Werekena, Koripako, Baniwa, Tuyuka, Kubeo, Yuhupde, Baré e as demais etnias habitantes da região.

— Esses lugares são muito importantes, sagrados para nós, porque são casas de transformação de nossos antepassados. Todos nós que viemos na Cobra-canoa temos ligação íntima com esse rio. Sendo Rio de Leite, nossas mães nos deram banho nas águas dele.

De acordo com o mito, a jornada da Cobra-canoa representa a passagem do tempo e a interação entre passado, presente e futuro. Da mesma forma que o rio corre sem parar, a vida segue seu curso guiada pelos ensinamentos dos ancestrais que viajaram na Canoa, transmitidos de geração em geração.

O mito tem variações específicas, de acordo com os valores culturais e sociais de cada povo. Conserva, no entanto, a ideia de criação e ancestralidade, centralizadas nas águas do rio. Cada gente que passou pela transformação recebeu as flautas e demais instrumentos sagrados e um lugar para viver, demarcado por serras, corredeiras, igarapés e marcas nas rochas (petróglifos).

Para seu Francisco, ao lado do bem, o rio também encerra perigos:

— Alguns lugares devem ser evitados. São moradas de intrigas e de seres encantados que vivem nos rios e nas florestas. Quando eles atacam, a pessoa fica com desânimo, cansada, perde o apetite, se enche de fraqueza. Eles formam uma comunidade invisível, só os pajés conseguem ver. Para os brancos, não existe Cobra-canoa de Transformação, é por isso que vocês não se benzem.

Com variações de uma etnia para outra, para os povos do Alto Rio Negro os xamãs, por meio de rituais ou de estados alterados de consciência, entram nas águas do Rio de Leite para se comunicar com o mundo espiritual e ter acesso aos mistérios da natureza e do universo, além do objetivo de adquirir conhecimentos para curar doenças e os males da mente, e promover harmonia entre os povos e a natureza. Para eles, os rios físicos são um reflexo dos rios espirituais.

A Cobra-canoa é mais do que uma simples explicação para o nascimento da humanidade; é uma metáfora para o fluxo contínuo da vida e para a harmonia entre os seres humanos e a natureza.

Para os Tukano, o território é sagrado por ter sido a origem de seus ancestrais. Viver em sintonia com o ambiente é uma forma de respeitar o legado deles trazido pela Cobra-canoa, o fluxo contínuo das águas que nunca passam duas vezes pelo mesmo lugar e simbolizam o nascimento e a morte. Os Baré acreditam que seus ancestrais ainda não completamente humanos foram trazidos sob as águas do rio e deixados pela Canoa num buraco, de onde emergiram para ocupar seu território. Os Hupda também se consideram descendentes diretos dos que viajaram na Canoa e creem que a anaconda é um animal sagrado, por representar a força da natureza e a continuidade da vida.

Nações de poliglotas

A respeito das línguas faladas no Alto Rio Negro, dom Edson Damian, bispo de São Gabriel da Cachoeira, escreveu: "A língua é uma riqueza cultural tecida com tradições, costumes, visão de mundo e relações humanas que revelam o ser e a alma de um povo". Nascemos com a circuitaria de neurônios aparelhada para aprender qualquer língua, característica que nos distingue dos outros animais. Essa habilidade fundamental para o aprendizado da língua materna declinará com o passar dos anos: aprender uma segunda língua na infância é muito mais fácil do que fazê-lo na vida adulta.

Nas primeiras viagens que fiz ao Médio e ao Alto Rio Negro, eu precisava prestar muita atenção para perceber as diferenças dos sotaques e sons dos fonemas pronunciados por indígenas de etnias diferentes. Tudo me parecia igual e incompreensível, a ignorância tem o dom de simplificar o que parece complexo. No caso das 23 etnias que vivem na região, nada pode ser mais falso do que igualar os idiomas.

O músico Paulo Garfunkel, parceiro em tantas viagens, comentou:

— Os Yanomami se exprimem com sons guturais entremeados de chiados onomatopaicos; os Baniwa com fonemas curtos e anasalados; já os Tukano, com entonação firme, assertiva.

Um Koripako pode entender com clareza o que diz um Baniwa, duas línguas derivadas do tronco aruak. Quando um Yanomami conversa com um Hupda, entretanto, a dificuldade talvez seja semelhante à que um brasileiro encontrará para falar com um romeno.

Demorei mais do que devia para entender o que significava estar numa região de muitas línguas, habitada por um grande número de poliglotas. Foi nesse caldeirão linguístico que os jesuítas e outros missionários introduziram o português e o espanhol. Num processo dinâmico, muitos povos deixaram de falar as línguas de seus antepassados e adotaram as de outras etnias ou foram pressionados desde a infância a abandoná-las para aprender as dos dominadores.

A língua falada em 1500 na maior parte da costa brasileira era o tupi antigo. A partir do fim do século XVIII, o idioma foi se transformando numa língua geral, verdadeira língua franca, com dois ramos principais: um do Norte, outro do Sul.

O ramo Sul desapareceu no século XX. Nascido entre os indígenas aldeados pelos jesuítas no Maranhão e no Pará, surgiu o ramo Norte, que deu origem à língua geral, o nheengatu da Amazônia.

Por meio da escravização e da mestiçagem, o novo idioma se espalhou de tal forma pelo rio Negro que se tornou mais popular do que o português, realidade mantida até o fim do século XIX, época em que a migração trouxe para a região mais de meio milhão de nordestinos, no primeiro ciclo da borracha.

Embora considerado pela Unesco como "severamente ameaçado de extinção", o nheengatu é a língua de milhares de indígenas do rio Negro, entre os quais os Tukano, Baré, Baniwa, Werekena e outros. É língua viva com presença forte no Alto e no Médio Rio Negro e seus afluentes, no Baixo Içana e no território do rio Xié.

Ao lado do português, do baré e do tukano, o nheengatu é reconhecido como um dos quatro idiomas oficiais da cidade de São Gabriel da Cachoeira, utilizado por cerca de dois terços de seus habitantes. Em 2023 foi decretada uma das línguas oficiais do estado do Amazonas, juntamente com outras quinze línguas indígenas.

Enquanto o nheengatu se disseminou pelo Alto e pelo Médio Rio Negro, outras línguas permaneceram restritas aos rios em que vivem ou viviam os povos originais. A variedade de idiomas resultante formou um conjunto de enorme riqueza cultural e linguística.

Esses idiomas estão distribuídos em quatro famílias: tukano oriental, aruak, maku e yanomami. Alguns são falados por dezenas de milhares de pessoas, como é o caso do tukano e do baniwa; outros, por centenas, como acontece com os Tariana e os Dow. Há, ainda, línguas quase extintas, restritas aos anciãos de umas poucas aldeias.

São consideradas tukano oriental as línguas faladas no noroeste do estado do Amazonas e no departamento de Vaupés, na vizinha Colômbia. Embora próximos, os idiomas tukano ocidental não são idênticos, estando distribuídos em território do rio Napo, nas fronteiras da Colômbia com o Peru e o Equador.

Do lado brasileiro, o tukano oriental compreende pelo menos dezesseis idiomas, concentrados nas populações da bacia do Uaupés e no trecho do rio Negro que passa por São Gabriel da Cachoeira e vai até a cidade de Santa Isabel, na parte média do rio. O principal deles é o tukano propriamente dito, usado não só pelos Tukano, mas por habitantes dos rios Tiquié e Papuri, afluentes do Uaupés em território brasileiro.

O convívio dos Tukano com os Baré, Baniwa, Werekena e com outros povos que falam línguas ininteligíveis entre si abriu espaço para que o tukano se tornasse uma espécie de língua franca, adotada também pelos Desana, Pira-tapuya, Kubeo, Wanana, Baré, Tariana e outros povos da região.

Os grupos falantes do tukano oriental convivem com um multilinguismo que não se repete em nenhum outro lugar do mundo: todos são fluentes em pelo menos duas ou três línguas, não sendo raros os que falam quatro, cinco ou mais. Essa característica tem raízes culturais: entre os Tukano é obrigatório que os casamentos se realizem com mulheres de outra etnia, falantes de outro idioma (exogamia linguística).

Depois do casamento, a mulher vai morar na comunidade em que vive o marido. Como na infância ele aprendeu a falar a língua original de sua mãe, o idioma tukano se tornou uma língua franca que convive com as demais. Pela mesma razão, a identidade étnica do povo Tukano é definida pela língua falada pelo povo do lado paterno.

A família aruak reúne, principalmente, as línguas dos Baniwa, Koripako, Baré, Werekena e Tariana, faladas no Alto Rio Negro, na bacia do Içana e no rio Xié.

No contato com os missionários, o povo Baré deixou de falar sua língua natal, adotando o nheengatu. O mesmo aconteceu com os Tariana do Médio Uaupés, que passaram a utilizar o idioma dos Tukano, com os quais conviveram por séculos.

Em Querari, assisti a uma aula de baré, dada por um professor de cocar para cerca de vinte alunos dessa etnia, iniciativa estimulada pelas lideranças indígenas de várias aldeias, para revitalizar os idiomas originais.

O maku compreende quatro famílias distintas de povos que ocupam o território mais extenso do rio Negro: os Hupda, os Yuhupde, os Dow e os Nadöb — os conhecidos povos da floresta.

Numa região em que predominam as populações nas margens dos grandes rios, eles se internaram nas florestas como estratégia para escapar da escravidão e dos assassinatos cometidos pelos brancos. A família yanomami é um dos grupos mais relevantes para o patrimônio linguístico nacional. Eles ocupam o norte do rio Negro até a fronteira com a Venezuela e a serra do Imeri, ao leste. Estão distribuídos ao longo dos afluentes da margem direita do rio Branco, tributário caudaloso do rio Negro.

Nas terras Yanomami existem seis idiomas: yanomami, sanöma, ninam, yanomam, ỹaroamë e yãnoma. Cada pessoa fala um número variável dessas línguas: há quem seja fluente em mais de uma e aqueles que compreendem várias, mas falam apenas uma.

Cada língua da família yanomami apresenta diversos dialetos e existem pelo menos dezesseis variações deles. Segundo a antropóloga Ana Maria Machado, do Instituto Socioambiental (ISA), essas nuances linguísticas se misturam em pelo menos nove zonas de bilinguismo na Terra Yanomami, que são "ilustrações eloquentes do intenso contato que os Yanomami têm entre si".

No rio Jaú

Fizemos uma viagem ao rio Jaú com o sertanista Orlando Villas-Bôas. O objetivo era gravar uma série de entrevistas para exibir em nosso site e no espaço da Unip, no Canal Universitário.

Nascido em 1914, Orlando, junto com seus irmãos Cláudio e Leonardo, fez o primeiro reconhecimento dos acidentes geográficos do Brasil Central, trabalho de muitos anos que lhes rendeu a Medalha do Fundador, da Royal Geographical Society.

Em sucessivas expedições a partir da década de 1940, eles abriram mais de 1500 quilômetros de picadas na mata, no rastro das quais surgiriam diversos povoados e cidades do Centro-Oeste. O legado maior, no entanto, foi a criação do Parque Indígena do Xingu, que ocupa uma área quase do tamanho da Bélgica.

Com a demarcação do parque, os irmãos garantiram a sobrevivência dos indígenas das catorze tribos encontradas nas expedições e de nações inteiras às margens do Xingu e seus afluentes. Orlando e Cláudio foram indicados para o Nobel da Paz em 1971.

Na viagem ao rio Jaú, a bordo do barco *Escola da Natureza*, seu Orlando foi com o filho Noel e a esposa, dona Marina, enfermeira, sempre delicada e atenciosa com todos nós. Mulher de aparência enganosamente frágil, acompanhou o marido nos trabalhos de campo, no decorrer dos quais teve malária quinze vezes; seu Orlando mais de duzentas, segundo ela. Foram horas de gravação. Com mais de oitenta anos, seu Orlando conservava o brilho do olhar do sertanista jovem. Foi um dos melhores contadores de histórias que conheci. Tinha vivido tantas aventuras, colecionado tantos casos e enfrentado tantos perigos, que era impossível conduzir uma entrevista formal. Não havia como interrompê-lo.

O Jaú é um rio caudaloso de águas escuras, que desemboca no Negro, a 220 quilômetros de Manaus. Tem 450 quilômetros de extensão, distância maior do que a de São Paulo ao Rio de Janeiro. Está localizado entre duas das cinco maiores cidades do Negro: Novo Airão, na parte baixa, e Barcelos, no curso médio.

Em 1980, foi fundado o Parque Nacional do Jaú, unidade de conservação formada pelos rios Jaú, Unini e Pauini, ao norte, e pelo rio Carabinani, ao sul. Numa região de extensões tipicamente amazônicas, o parque ocupa cerca de 2,3 milhões de hectares. É reconhecido pela Unesco como Sítio do Patrimônio Mundial.

Entre os rios de águas escuras, o Jaú é um dos mais deslumbrantes. Quando a luz cai ao entardecer, sua superfície fica tingida de um azul intenso que eu só tinha visto nos céus de Praga ao anoitecer, no auge do inverno. Pela manhã, nas margens, nos igarapés e nos bancos de areia que se formam na seca, as águas rasas se tornam avermelhadas sob a luz do sol, coloração que permite acompanhar o movimento dos peixes. No escuro das noites sem nuvens nem lua, o céu fica coalhado de estrelas, como se alguém tivesse andado por ali com uma bota descomunal e esmigalhado milhares de cacos de vidro.

As florestas do Jaú são consideradas as mais representativas da flora da Amazônia Central. Contêm mais de quatrocentas espécies de plantas catalogadas e quase trezentas espécies de peixes.

Depois de três ou quatro dias de gravações e de excursões pela mata com nosso botânico Mateus e o mateiro Luiz Coelho, descemos o Jaú na direção do rio Negro, de volta a Manaus. Ao chegarmos à boca de encontro entre os dois rios, havia um banco de areia branca no formato de um círculo perfeito, com mais de um quilômetro de diâmetro, que não existia quando, na ida, passamos por lá. Seu Luiz explicou:

— Esses bancos se formam ao sabor do movimento das águas, aparecem porque o rio baixou muito. Se a gente voltar na seca do ano que vem, não vai encontrar nada, a areia é levada rio abaixo. Vai emergir em outra parte.

Tive a ideia de gravar com seu Orlando nesse cenário, histórias não faltariam.

Descemos descalços. A areia era tão fina que cantava sob nossos pés.

Levamos duas cadeiras pretas de armar e nos instalamos sob um sol inclemente. Dona Marina quis passar filtro solar no rosto do marido, mas ele ficou incomodado:

— Nunca usei essas maquiagens de mulher...

As histórias foram das que mais gostei. Cheias de acontecimentos surpreendentes, caboclos aventureiros, ataques de onças, picadas de cobras, previsões de pajés, indígenas belicosos e de povos que os irmãos Villas-Bôas haviam contatado pela primeira vez. Passamos mais de uma hora escutando aquele senhor de cabelo grisalho, testemunha ocular de um Brasil ainda intocado pelos brancos.

Esperei a equipe voltar para o *Escola da Natureza*, ancorado à distância, tirei toda a roupa e corri por uma hora na solidão nua daquela ilha de areia branca sem um fiapo de grama sequer, com o vento no rosto, o rio e a floresta em volta.

Águas escuras

A imagem de um riacho de águas pretas no Japão, com uma pequena ponte arqueada, como nas gravuras de Hiroshige, é fácil de imaginar. Explicar como adquiriu essa cor um rio com quase 2 mil quilômetros, em que mal se enxerga a margem oposta, tem sido objeto de especulações por mais de duzentos anos. As águas do Negro correm velozes junto às cabeceiras e mais lentas na direção do encontro com a correnteza barrenta do Solimões, para formar o Amazonas.

Na ausência do vento, a lentidão do fluxo das águas transforma o rio num espelho imenso que reflete as nuvens, o azul do céu, a silhueta das árvores que acompanham as margens, as garças e as andorinhas que o sobrevoam. Numa foto tirada do barco, fica difícil distinguir a imagem real da imagem invertida. Como disse Paulo Garfunkel, "o rio reflete o céu e vice-versa".

Na Viagem Philosophica de Alexandre Rodrigues Ferreira, realizada na segunda metade do século XVIII, o naturalista descreveu como âmbar a cor do rio. Além de mais poética, âmbar é a coloração que reflete melhor a tonalidade que o corpo humano adquire quando imerso naquelas águas.

Nessa viagem, iniciada com um grupo de quinhentas pessoas, do qual retornaram apenas cem, Ferreira escreveu que os ribeirinhos já atribuíam a cor escura às folhas e aos troncos que caíam das árvores. Foram as primeiras hipóteses a reconhecer o papel da decomposição vegetal na coloração do rio.

A partir da década de 1980, vários pesquisadores mostraram que a decomposição tem papel preponderante na gênese da coloração. Um deles, o químico americano Jerry Leenheer, foi o primeiro a explicar o fenômeno com base em dados experimentais.

Embora exista um leito principal, o rio possui áreas enormes de planícies aluviais inundadas periodicamente no decorrer do ano, fenômeno que se repete em seus tributários. São os igapós, geralmente assentados sobre um solo de areias brancas (podzóis) que formam praias encantadoras nos meses da vazante. Essa camada arenosa repousa sobre uma camada de argila de espessura variável.

Quando folhas, galhos e outros materiais que caem das árvores sofrem degradação, a parte sólida fica retida nas camadas de areia e de argila, enquanto a líquida escoa lentamente para o leito dos rios. É uma solução rica em ácidos orgânicos incolores e em ácidos húmicos que vão acidificar e escurecer as águas da bacia do rio Negro.

De forma simplificada, podemos dizer que as águas do rio são negras porque constituem um chá filtrado pelo solo argiloarenoso de suas margens.

Para os indígenas Tukano que vivem no Alto Rio Negro, as folhas, os galhos e as árvores que caem da floresta estão carregados de energia e de poderes espirituais que escurecem as águas e refletem os mistérios e a sabedoria dos espíritos que vivem na floresta.

Seu Floriano, indígena Tukano, ouviu do pai a explicação de que a Cobra-canoa, personagem mítico criador da humanidade, tingiu o curso da água de uma cor escura para demarcar o trajeto percorrido pelos seres que se transformariam nos povos do rio.

Os mosquitos

Rios de águas brancas e barrentas como as do Solimões ou do rio Branco fertilizam os solos no período das cheias, formando várzeas com os sedimentos arrastados pela correnteza, oriundos de solos recentes da região andina. São ricos em nutrientes que vão alimentar peixes, aves, répteis e mamíferos em suas margens. Os de águas escuras, ao contrário, drenam as terras antigas do planalto das Guianas, empobrecidas pelo processo de erosão durante milênios. Suas águas não formam várzeas, mas praias de areia branca. Os nutrientes são escassos, a alimentação dos peixes depende das matas que as circundam: matéria orgânica em decomposição, frutos, flores e sementes que caem da floresta.

Nos igapós e igarapés formados pelo rio, peixes grandes como o voraz pirarucu, que pode medir até três metros e pesar duzentos quilos, vivem na companhia de tucunarés, matrinxãs, dourados, filhotes, pescadas, jaraquis, pacus, surubins, tambaquis e inúmeros outros que fazem a delícia das mesas amazônicas.

Em seu livro *Peixes do rio Negro*, o naturalista britânico Alfred

Wallace descreveu-os com base nas viagens que fez à região entre 1850 e 1852:

> Impressionaram-me bastante a beleza e a variedade das espécies. Sempre que podia, procurava desenhar e descrever minuciosamente as mais curiosas. Muitos desses peixes tinham uma carne excelente, cujo paladar superava o de todas as que eu já saboreara até então, de peixes tanto de água doce como de água salgada. Alguns possuíam muita gordura, fazendo com que a água em que tinham sido cozinhados se transformasse num gostoso e grosso caldo, que misturávamos com farinha e pimenta, saboreando aquela deliciosa sopa, sem desperdiçar sequer uma gota.

Imagino a surpresa diante de tamanha diversidade de paladares, para quem vinha da monotonia insossa da dieta inglesa daquele tempo.

A variedade dos peixes do rio Negro que Wallace procurou documentar e descrever despertou nele uma paixão que o acompanharia pelo resto da vida:

> Eu ficava cada dia mais e mais impressionado com a extraordinária variedade e abundância dos peixes da Amazônia. Só no rio Negro, eu já fizera os desenhos e as descrições de 160 espécies, além de ter visto inúmeras outras. Entretanto, sempre encontrava variedades para mim desconhecidas, em cada nova localidade que ia. Estou convencido de que o número de espécies existentes no rio Negro e em seus afluentes deve totalizar cerca de quinhentos ou seiscentos.

A acidez das águas tem implicações na fauna. Muitos insetos não conseguem procriar em um pH tão baixo, entre eles os mosquitos. A ausência deles no leito do rio traz conforto aos viajantes.

Nas minhas tantas viagens, fui picado muitas vezes nas margens e na floresta, jamais no meio do rio. Comparado com os rios barrentos como os da bacia do Solimões, em que nuvens de mosquitos atacam os incautos que se expõem nos piores horários, o Negro é um paraíso.

A ausência de mosquitos e de outros insetos, entretanto, interfere na cadeia alimentar inteira. Dificulta a vida dos peixes, das aves e de outros animais que dependem deles para sobreviver. A bacia do rio Negro é de uma riqueza e biodiversidade botânica incomparáveis, decorrentes da pobreza de nutrientes que exige especialização das plantas para acessar nichos variados. Nas bacias do Solimões e do Amazonas, ao contrário, a zoologia é mais diversificada.

Ausentes no meio do rio, os mosquitos atacam, no entanto, os que ousam se expor em terra firme. Numa das anotações que depois enviou a seus colegas de Londres, quando ele estava no povoado de São Jerônimo, no rio Uaupés, Wallace escreveu:

> Neste povoado tivemos de enfrentar uma outra praga bem pior, porquanto bem mais contínua: os piuns [...] presentes em todos os trechos do rio, mas nunca em tão consideráveis miríades como em São Jerônimo. Eram tantos que nem sequer podíamos ficar sentados durante o dia. Em razão de tais circunstâncias, os tormentos por que passava quando estava no ato de depenar uma ave ou de desenhar um peixe nem podem ser imaginados por quem nunca teve de enfrentar esses insetos.

Posso imaginar. Conheci os piuns em Camanaus, o porto de São Gabriel da Cachoeira. Estava sentado numa pedra quando notei meus braços cobertos de vírgulas pretas que pareciam gravetos minúsculos. Quando esfreguei os braços para limpá-los, escorreram filetes de sangue dos mosquitos esmagados. O prurido se instalou mais tarde e me infernizou a noite inteira.

Numa outra vez, encontrei por acaso uma amiga de São Paulo que voltava de uma visita a Maturacá, aldeia Yanomami, vestindo uma bermuda. Sem exagero, as picadas nas pernas eram tão próximas umas das outras que não deixavam dois centímetros de pele intacta entre elas. Tive que medicá-la com cortisona para que ela suportasse a coceira e para evitar complicações alérgicas mais graves.

Em outra nota, o pobre Wallace descreve um novo ataque, mas de inimigos diferentes: os maruins, também conhecidos como mosquito-pólvora.

Eu só voltava da floresta lá pelas três ou quatro horas da tarde. Havendo algum espécime novo, era necessário desenhá-lo imediatamente, antes que escurecesse. Sentando-me ali mesmo, punha-me a trabalhar, ficando então exposto à praga dos maruins, os quais surgem aos milhões todas as tardes entre quatro e seis horas. Suas picadas enchiam-me o rosto, as orelhas e as mãos de dolorosíssimas irritações. Quantas vezes fui obrigado a levantar-me, a deixar o lápis de lado e ficar agitando as mãos, para que o ar fresco lhes desse um pequeno alívio. Mas logo em seguida eu me lembrava do sol que não tardaria a desaparecer e tinha de retomar a tarefa. Antes de terminá-la, minhas mãos ficavam ásperas, vermelhas como uma lagosta cozida, doloridas e violentamente inflamadas.

No final, ele explica que bastava banhar as mãos em água fria por meia hora para que tudo voltasse ao normal. E conclui: "[...] as picadas dos maruins são preferíveis às dos mosquitos, dos piuns e das mutucas, cujos efeitos são sentidos durante muitos dias seguidos".

Foi numa das parcelas botânicas mantidas pelo projeto no rio Cuieiras, afluente que desemboca no Baixo Rio Negro, que um mosquito me transmitiu o vírus da febre amarela, doença terrível que me deixou hospitalizado por três semanas e por pouco não me fez perder a vida aos 61 anos.

Jacaré

Era um botequim humilde, aquele na periferia de São Gabriel da Cachoeira. No topo da fachada, o nome vinha em letras rebuscadas: LAGOA DO JACARÉ. Abaixo, uma pintura tosca do réptil crocodiliano com a boca escancarada.

Nas paredes internas, um dia pintadas de azul-claro, manchas disformes de umidade escorriam do teto metálico, ensurdecedor sob a tempestade que acabava de cair.

Mais despojado impossível: mesinhas e cadeiras brancas de plástico, uma mesa de bilhar em petição de miséria e uma geladeira abarrotada de garrafas de cerveja em posição de destaque. Em cima de uma prateleira, a TV com um DVD que tocava música brega ao lado de um gatinho chinês de louça dourada que acenava com a mão esquerda um adeus interminável.

Apoiados em seus tacos em volta da mesa de bilhar, dois indígenas Hupda jogavam contra dois Yanomami. Os quatro chamavam a atenção pela baixa estatura e pelos goles de cerveja que davam depois de cada tacada, que exigia deles a tarefa trabalhosa de alisar e rejuntar os fragmentos esgarçados do feltro verde.

Um homem atarracado vestindo bermuda e uma camiseta regata curta que mal cobria o abdômen avantajado saiu de trás do balcão com um sorriso e a mão estendida. Falou aos gritos para abafar o barulho da chuva no teto de zinco:

— Jacaré, a seu dispor. A chuva pegou o senhor de jeito.

O queixo proeminente e os dentes inclinados para a frente tornaram redundante a apresentação do proprietário do estabelecimento.

Pedi uma cerveja. Enquanto durou o temporal, Jacaré me apresentou a esposa grávida, mocinha silenciosa de olhos enormes, filha de pais da etnia Werekena que haviam se mudado para a cidade antes do nascimento dela.

Ele contou que tinha nascido no Maranhão e trabalhado na roça até os dezesseis anos, quando fugiu de casa para se juntar ao garimpo, fascinado pelas histórias de um tio recém-chegado de Roraima com ouro até nos dentes.

Na romaria dos garimpeiros, seres permanentemente dispostos a percorrer milhares de quilômetros atrás do primeiro boato de ouro, Jacaré andou pelo norte de Mato Grosso, Rondônia, Serra Pelada, Santa Isabel do Rio Negro, pico da Neblina, e invadiu o território da Venezuela diversas vezes, indiferente ao risco de encontrar a morte nas mãos da polícia local, subornada pelos concorrentes venezuelanos para dar cabo dos intrusos, versão radical da luta por reserva de mercado.

Em trinta anos de atividade, ele calcula ter retirado da terra e do leito submerso dos rios da bacia do rio Negro mais de cinquenta quilos do vil metal.

Não conseguiu economizar um grama sequer:

— Não trabalhei para mim, só para as mulheres. Era eu juntar meia dúzia de pepitas, para fechar a boate, subir na mesa e realizar o sonho de todo homem: "Hoje é tudo por minha conta!".

A generosidade com o sexo oposto era ilimitada:

— No tempo em que dez reais era dinheiro, cheguei a fazer um tapete com notas que ia da sala do puteiro até a beira da cama, no quarto, sem deixar uma fresta, só para impressionar uma gaúcha de olhos azuis e sorriso safado. Coisa mais linda, doutor. Cavalona, eu nem batia no ombro dela.

Uma vez, depois de meses garimpando embrenhado na mata, Jacaré chegou à cidade e contratou dois táxis para passear pelo centro:

— No da frente ia só o meu chapéu, no de trás ia eu, o proprietário.

As incursões urbanas não lhe permitiam acumular riqueza. O único período de prosperidade mais duradoura veio quando foi trabalhar num garimpo a dezenas de quilômetros do lugarejo mais próximo. Sem ter onde gastar, juntou mais de cinco quilos de ouro.

— Quando cheguei na cidade fui direto para a Caixa Econômica. Recebi um pacotão de dinheiro.

Amarrou o pacote com um barbante grosso, prendeu no cinto ao lado do revólver, e saiu puxando o embrulho pela rua.

Para os conhecidos, justificava:

— Andei a vida inteira atrás desse filho da puta. Agora é ele que anda atrás de mim.

Na peregrinação em busca de fortuna, Jacaré perdeu a conta das malárias que contraiu, dos companheiros que viu morrer com febres desconhecidas e dos assassinatos que testemunhou.

Risco de morte só correu no dia em que foi comprar cigarro no barzinho de um garimpo de Alta Floresta. A moça sorriu ao servi-lo. Mal teve tempo para retribuir a delicadeza, espoucou o primeiro tiro, que levantou poeira a poucos centímetros de seus pés. Virou para trás e deu de cara com o autor dos disparos:

— Era um conterrâneo de olhar de fogo e chapéu de boiadeiro. Deu mais dois tiros tão perto que minhas calças encheram de terra.

O maranhense perguntou se ele tinha alguma reclamação a fazer. Jacaré encolheu os ombros:

— Eu? O bar é seu, a mulher é sua, vou reclamar do quê?

A decisão de abandonar aquela vida errante foi tomada no dia em que assistiu a um show de uma ex-artista de TV num garimpo do Pará. Terminado o espetáculo, Jacaré ofereceu um quilo de ouro pelo direito de desfrutar de companhia tão amável.

A moça agradeceu, disse que tinha namorado. Ele não se deu por vencido:

— Mas um quilo de ouro é tudo que eu tenho, meu amor. Dou pra você e fico sem nada.

— Se o meu namorado for embora, eu também fico sem nada.

A frase calou fundo no coração aventureiro. Naquela noite, pensou:

— Tá na hora de largar desta vida. Se eu insistir, acabo velho sem um canto e sem encontrar uma mulher pra falar de mim com a doçura que aquela moça falou do namorado.

Garimpeiros

Na placa estava escrito que ali passava a linha do equador. Íamos num caminhão do Exército que nos levava do quartel de São Gabriel para o rio Cauaburis, onde embarcaríamos nas voadeiras que nos deixariam em Maturacá, aldeia Yanomami a cerca de 250 quilômetros de São Gabriel. O Cauaburis é um dos rios mais encantadores do Alto Rio Negro. Na época da seca, emergem em suas curvas ilhotas forradas de pedregulhos brancos que contrastam com as águas escuras. Nelas, as arvorezinhas e os arbustos separados uns dos outros conferem à paisagem uma beleza dos jardins orientais dos calendários. Descemos do caminhão junto a um porto improvisado às margens do rio, onde as voadeiras nos aguardavam. Um grupo de homens acampados na beirada nos receberam em silêncio, com olhares desconfiados. Quando me aproximei deles, mal responderam ao bom-dia que lhes desejei. Perguntei de onde eram. Só respondeu um rapaz baixo com uma camisa xadrez puída no colarinho e uma calça que um dia fora azul:

— Várzea Alegre, sertão do Ceará.

— Já estive na sua cidade duas vezes — eu disse —, tenho um amigo que mora lá. Você conhece o Babinski, pintor de quadros?

Ele não conhecia, mas quando eu disse que Babinski era casado com dona Lidia, natural da cidade, ele sorriu:

— Sou amigo dos primos dela, conheço a família. Por acaso, esse pintor não é um polonês grandalhão que mudou pra lá faz uns anos já?

Em pouco tempo os demais entraram na conversa. Falavam em voz baixa, como se não quisessem ser ouvidos pelos militares, entretidos com o carregamento das voadeiras. Estavam voltando de um trabalho rio acima, não disseram onde nem usaram a palavra "garimpo".

Foi o rapaz de camisa xadrez que a pronunciou pela primeira vez, quase cochichando:

— No garimpo a gente às vezes tá rico, às vezes na miséria. O problema é que a riqueza só dura dois, três dias, e a pobreza fica pela vida inteira.

A frase resume a realidade vivida por todos os garimpeiros que conheci no rio Negro, estivessem em plena atividade ou aposentados, como Jacaré, do capítulo anterior. O lucro do ouro contrabandeado para os Estados Unidos e a Europa vai para o proprietário das máquinas e para os comerciantes que compram e vendem.

A lei proíbe o garimpo em terras indígenas, mas no Alto Rio Negro, região com reservas auríferas significativas, essa atividade se intensificou nos últimos anos, especialmente entre 2018 e 2022, quando o Brasil foi governado por um presidente negacionista, que facilitou a invasão de terras indígenas em proporções inéditas.

Os Yanomami foram a etnia mais afetada pela exploração ilegal. A ação predatória dos garimpeiros trouxe miséria para as aldeias. De acordo com o Instituto Sumaúma, apenas entre 2019 e 2022 morreram, por causas evitáveis, 570 crianças Yanomami com menos de cinco anos.

O garimpo ilegal destrói a floresta e espalha malária, infecções sexualmente transmissíveis, verminoses e desnutrição em crianças e adultos. As crateras gigantes que as escavadeiras abrem acumulam água parada que serve de criadouro para os mosquitos transmissores de malária, dengue e outras viroses.

No processo de garimpagem, o mercúrio empregado para formar o amálgama que permite separar o ouro da areia contamina as águas, os peixes e a população que se alimenta deles.

Bruce Forsberg, pesquisador do Instituto Nacional de Pesquisas da Amazônia (Inpa) em Manaus, avaliou a quantidade de mercúrio presente nos fios de cabelo das populações ribeirinhas, método clássico para determinar a presença do metal no organismo. Os números foram assustadores: em média 75 miligramas por quilo de peso corpóreo. Segundo a OMS, a partir de trinta miligramas por quilo costumam surgir os primeiros sintomas físicos, principalmente perda da visão periférica e tremores nas extremidades do corpo.

Publicações do ISA expõem os dramas sociais causados pelo contato dos garimpeiros com as populações indígenas que vivem em pequenas comunidades: violência, estupros de meninas, alcoolismo, vício em cocaína, convivência com o crime organizado, desaparecimento da caça e dos peixes, fome endêmica, corrupção dos costumes e mortes.

Clara Opoxina é uma enfermeira do ISA que presta assistência às populações Yanomami, trabalho exercido há anos, que exige dela longos períodos de permanência nas aldeias, alternados com quinze dias de folga em São Gabriel. Nós nos conhecemos na sede do ISA em outubro de 2023. Não fosse o branco da pele, qualquer um diria que se tratava de uma Yanomami: o mesmo corte de cabelo, os brincos, os adornos espetados no nariz.

Depois de anos de apresentações com grupos itinerantes de músicos, Clara procurou o líder Yanomami Davi Kopenawa e se ofereceu para trabalhar como enfermeira nas aldeias. Em 2012, quando iniciou esse trabalho, havia abundância de peixes e caça, não existia malária nem desnutrição nem garimpeiros por perto.

— Em Keetá havia quase quinhentos indígenas distribuídos em oito aldeias, três delas com habitantes nômades ou seminômades — ela contou. — Eu andava com eles pelas trilhas da floresta para vacinar, administrar vermífugo, atender os doentes e conseguir transporte para os casos mais graves.

Com dificuldade aprendeu a língua:

— Eles riam do meu sotaque. Não gostam de ensinar, toda vez que eu erro me chamam de orelha tapada.

Durante a pandemia, sua equipe ficou dois anos sem receber luvas, esparadrapo, seringas e outros materiais. As 50 mil doses do vermífugo albendazol, que deveriam ser administradas de seis em seis meses para todos, deixaram de ser entregues. Clara e os companheiros compravam medicamentos com dinheiro do próprio bolso e com a ajuda de amigos:

— Dói o coração ver crianças vomitando áscaris e tendo dor de barriga por causa de obstrução intestinal, que às vezes mata sem dar tempo de chegar um avião do Exército para o resgate.

Acompanhada de um técnico de enfermagem e de um técnico de laboratório com experiência em diagnosticar malária, a equipe arregimentada por ela carregou mais de uma tonelada de equipamentos e víveres para a comunidade de Haxiu, onde improvisaram um posto de atendimento sob uma tenda de lona.

Em janeiro de 2023, o novo Ministério da Saúde decretou estado de emergência em saúde pública na Terra Indígena Yanomami. As imagens de crianças e adultos em pele e osso apresentadas por meus colegas Sônia Bridi e Paulo Zero no *Fantástico* chocaram o país e ganharam manchetes na imprensa internacional.

Com a mobilização do Exército, as instalações e os equipamentos dos garimpos começaram a ser destruídos. Apesar de ainda restarem alguns focos, o combate à malária e à desnutrição voltou a ser feito.

Clara se recorda do que disse aos companheiros, depois de um dia exaustivo de atendimento na aldeia Haxiu, numa noite de céu estrelado:

— Meu corpo está muito cansado, mas minha mente está agradecida. Se a gente não estivesse aqui, quantos teriam morrido?

Milagre de Natal

Os ribeirinhos mais velhos contam que milagreiros como os padres missionários do passado não existem mais.

Eles subiam o rio Negro em barcos batizados em homenagem à mais casta das mulheres: *Imaculada Conceição, Virgem Maria, Mãe de Misericórdia*. Vinham decididos a salvar almas caboclas e indígenas que vivessem apartadas de Deus, às margens do rio Negro e de seus afluentes.

Ao visitar as comunidades, os missionários livravam os pagãos do limbo, casavam quem vivia em pecado, ouviam confissões, comungavam os fiéis e davam extrema-unção.

Traziam facão e linha de pesca para os homens, roupinhas de criança, terços de contas coloridas, santinhos piedosos e cortes de chita para a vaidade feminina. Ajuda de pequena monta recebida com brilho nos olhos pelo povo humilde.

Foi nos povoados indígenas mais remotos que os missionários carmelitas e de outras ordens angariaram uma reputação transcendental. Dizia-se que suas preces faziam chover, rio dar peixe, mandioca crescer, moribundo levantar da rede, parto chegar a bom termo.

Para convencer os recalcitrantes a decorar as orações e repeti-las antes de deitar, reuniam os indígenas no fim do dia para comunicar a eles que se rezassem com fervor talvez a mão divina ordenasse chover feijão, produto raro naquelas paragens. Que não esquecessem de deixar as bacias do lado de fora.

Ao amanhecer, glória a Deus nas alturas!

No outro dia, caso a reza fosse proferida ainda com mais humildade e devoção, quem sabe o Senhor inundaria as bacias com farinha de mandioca, para combinar à mesa com o feijão chovido na véspera?

Foi nesses tempos que dona Maria das Dores assistiu ao feito que a convenceu da santidade dos missionários.

Sua idade é indefinida, rosto castigado pelo sol, cabelo esticado e com um birote na parte de trás da cabeça, sola dos pés grossa e o cantado da língua dos Desana ao falar português. Disse ser "analfabeta de pai, mãe e parteira", mas os olhos em forma de jabuticaba irradiam a sabedoria daquelas senhoras que gostaríamos de ter por perto num momento de angústia.

Aconteceu num 24 de dezembro em que o mundo se matava para comprar todo o látex que os seringueiros conseguiam extrair. Mocinha naqueles tempos, tinha um filho de três anos e outro de dois, criados ao ar livre sob vigilância contínua da mãe, para evitar que passassem o dia inteiro no rio.

Numa tarde nublada, com o marido venezuelano embrenhado num seringal dezoito horas rio acima, ela enfrentou um dilema: assistir à missa de Natal que os missionários recém-chegados celebrariam no povoado da outra margem do rio, a meia hora de remo, ou ficar em casa com os meninos?

Vizinhos não havia. Com a ameaça de chuva e as águas revoltas, tinha medo de levar os dois com ela na canoa.

A fé venceu a batalha contra o instinto materno.

Às quatro da tarde, serviu um mingau de açaí com farinha para os filhos, colocou lenha no fogão, esquentou água e deu banho neles. Mudou de roupa, trancou as janelas, acendeu a lamparina e recomendou que em hipótese alguma eles se aproximassem do rio. Se a desobedecessem, cairiam nas garras do Mapinguari, preguiça gigante que pegava crianças desobedientes para devorar-lhes o cérebro.

A travessia foi penosa contra a correnteza. O banzeiro jogava a canoa para cima e para baixo, movimento que exigia força nos braços para manter o remo na direção da margem.

A comunidade de trinta casas de madeira alinhadas numa elevação atrás da curva do rio entardecera em dia de gala. A capelinha estava adornada com bandeirinhas coloridas e folhas de palmeira. Os homens trajavam calça comprida e camisa social bem passada; as mulheres, de vestido estampado, andavam desajeitadas em cima do sapato.

Quando se aproximou da igreja, em meio aos cumprimentos dona Maria foi assaltada por uma lembrança horrível. Na pressa, havia esquecido o tacho de água quente no fogão a lenha. Peraltas, os meninos acabariam se queimando.

Correu, aflita, para a canoa.

Quis a Providência, no entanto, que no sentido oposto viesse um missionário, curioso para saber a causa de tanta pressa. Ao ouvir o motivo, o religioso aconselhou-a a assistir à missa conforme planejara. O Senhor, em sua infinita bondade, cuidaria da segurança dos garotos. Jesus não havia dito "Vinde a mim as criancinhas"?

A paz retornou ao espírito materno; ela se sentiu tão tranquila que, ao fim da missa, ainda encontrou tempo para tomar a sopa servida e ouvir as novidades da vizinhança.

Quando cruzou para a outra margem, já anoitecia. O rio estava mais calmo. Mal aportou a canoa, escutou a algazarra alegre das crianças que vinha da casa. Pelas frestas da madeira, bruxuleava a luz da lamparina.

Ao abrir a porta, dona Maria das Dores disse que se deparou com o milagre:

— Pelados dentro do tacho em cima do fogão, os meninos brincavam de jogar água fervente um no outro.

Padres missionários

As primeiras missões estáveis dos jesuítas no rio Negro surgiram por volta de 1690. A ordem, no entanto, permaneceu lá por apenas dois anos.

Na primeira metade do século XVIII, os padres carmelitas já haviam fundado oito aldeias à beira do Negro, uma das quais, Nossa Senhora da Conceição de Mariuá, receberia mais tarde o nome de Barcelos, de acordo com a orientação oficial de dar nomes de cidades portuguesas às povoações amazônicas.

Em 1754, Francisco Xavier de Mendonça Furtado, governador do Grão-Pará e Maranhão, subiu o rio Negro numa expedição com 23 embarcações, para redefinir os limites portugueses nas fronteiras. Os países ibéricos haviam acabado de assinar o Tratado de Madri.

Em carta ao rei d. José I, Furtado reconheceu que as ações dos brancos tinham despovoado a região, provocando a fuga dos sobreviventes para igarapés situados a dias de viagem dos grandes rios. Reclamava que os missionários "[repartem] os índios só para si".

Como represália, os padres carmelitas foram destituídos do poder administrativo. No lugar deles, vieram comerciantes civis nomeados, para assumir o cargo de "diretor de índios", com a função de defender os interesses dos colonizadores. Para os indígenas, muito pouco mudou. Os diretores faziam pactos com os principais líderes de grupos rivais, para instigar combates e dividir o espólio: mulheres e crianças para os indígenas vitoriosos, homens e meninos para o comerciante.

Em 1851, Alfred Wallace escreveu:

"Arranjar meninos" significa empreender um ataque contra a maloca de uma outra nação e capturar todas as crianças que não conseguissem fugir e não fossem mortas [...] Os negociantes e as autoridades de Barra e do Pará encomendam, aos viajantes que comerciam entre os índios, alguns meninos e meninas para trabalharem em suas casas, bem sabendo qual é a maneira pela qual eles são conseguidos. A bem da verdade, o próprio governo de certo modo autoriza essa prática.

Junto à foz do rio Negro foi erigido um forte para dar apoio aos descimentos e impor respeito, conforme consta no documento oficial que justificou sua construção. Nesse local surgiria a cidade de Manaus, como veremos.

Na metade do século xix, os diretórios classificaram os indígenas em três categorias: gentios, índios aldeados e índios civilizados. Auxiliados pelos missionários, os diretores atraíam os gentios, para torná-los mais acessíveis, e deslocavam os aldeados para trabalhar no chamado "serviço público". No período em que os administradores escolhidos eram militares, a estrutura que os carmelitas haviam montado no rio Negro se desfez. A diocese ficava em Belém, a milhares de quilômetros, e faltavam recursos para manter as missões espalhadas ao longo do rio. O trabalho de catequização que ainda sobrevivia era mantido com sacrifício pelo idealismo de um punhado de padres.

A tentativa de criar uma missão em Taracuá em 1883 terminou de forma trágica, quando um padre desafiou os pajés locais e profanou elementos sagrados da aldeia. Em retaliação, os indígenas incendiaram a igreja e os missionários foram obrigados a fugir a remo pelo rio Uaupés.

Dessa data até 1914, nenhum missionário subiria o rio Negro. A Igreja católica conhecia seu período de maior decadência na região.

Os salesianos

Em 1892, Manaus foi elevada à condição de diocese. Em 1907, o bispo da cidade fez uma viagem pelos rios Negro e Uaupés, ocasião em que enviou uma carta ao papa Pio x dando conta do imenso abandono material e espiritual da população.

Como resultado, a Santa Sé criou a Prefeitura Apostólica do Rio Negro e encarregou a Congregação Salesiana de implantá-la em 1914.

Os salesianos chegaram ao rio Negro com a promessa de dar fim à exploração dos indígenas e aos abusos cometidos pelos comerciantes. Na situação deplorável em que se encontravam, é até provável que as populações originais das margens do Negro, do Uaupés e do Tiquié tenham recebido de bom grado a ajuda oferecida.

São Gabriel da Cachoeira foi escolhida como a sede salesiana do Alto Rio Negro. O primeiro a assumir a Prefeitura Apostólica foi o padre Lourenço Giordano, educador experiente que havia criado, na cidade de São Paulo, o Liceu Coração de Jesus, onde meu pai e meus tios estudaram nos anos 1930. Hoje, o largo em frente ao colégio passou a fazer parte da Cracolândia paulistana. Três anos depois de sua chegada, padre Giordano foi acometido de malária e faleceu num barracão de madeira nas proximidades de Barcelos. Seus restos mortais estão sepultados na igreja matriz de São Gabriel.

O pioneirismo daqueles dias foi coroado com a nomeação de dom Pedro Massa em 1921, o grande responsável pelo sucesso que os salesianos teriam nas décadas seguintes. Em seu livro *De Tupã a Cristo*, ele escreveu: "Os missionários, depois de um período de justificada incerteza, julgaram que somente reunindo as povoações, especialmente as crianças [...], poderiam lançar as bases seguras de uma civilização cristã, num lugar onde por três séculos já haviam florescido outras missões, agora extintas".

Por meio da construção de colégios para as crianças, os salesianos procuraram atrair e fixar os pais nas cercanias. Segundo o salesiano dom Felipe: "[...] a realidade atesta a segurança e a sabedoria da palavra de ordem de D. Bosco: atingir os adultos através das crianças e dos jovens. Os alunos transformados em catequistas educados à fé e à moral, regressam às famílias com uma nova mentalidade".

A congregação salesiana provou estar mais preparada para o trabalho. Os missionários passaram a reagir contra as ofensivas dos comerciantes e a interferir no dia a dia dos indígenas, com o objetivo de integrá-los à vida brasileira através de programas educativos que contavam com apoio financeiro do governo federal.

Atraídas pela proteção oferecida pelos padres, pela possibilidade de acesso a bens materiais e pela oportunidade de ver os filhos na escola, muitas famílias indígenas construíram casas e se mudaram para a vizinhança das missões.

Ao descrever a missão de Taracuá em 1927, Curt Nimuendajú, o antropólogo alemão naturalizado brasileiro, registrou:

A igreja é seguramente a melhor de todo o Alto Rio Negro. Ao lado dela, levanta-se o sólido e espaçoso edifício da missão, com diversas dependências. [...] Em certo contraste com essas construções moderníssimas estão as choças dos índios, em número de sete, colocadas pela beira do rio e que me pareciam muito inferiores às suas malocas primitivas.

Os padres salesianos realizaram a tarefa incrível de construir grandes colégios e igrejas à beira dos maiores rios, em terras longínquas cercadas por florestas, locais de difícil acesso até os dias de hoje. Embora malconservados, os colégios sobrevivem, imponentes, ao lado de igrejinhas brancas com torres altas.

Apesar das dificuldades para transportar os materiais de construção necessários, foram erguidos colégios em São Gabriel da Cachoeira (1914), Taracuá (1923), Iauaretê (1929), Pari-Cachoeira (1940), Maturacá (1956) e Assunção do Içana (1957). Em suas instalações estudaram milhares de alunos de todas as etnias que haviam sobrevivido às invasões dos brancos. Por décadas o sistema educacional de toda a região ficou sob a responsabilidade da congregação.

Na formação escolar, os padres procuravam ensinar ofícios que servissem à vida cotidiana e ao incipiente mercado de trabalho. Nas palavras de dom Pedro Massa: "Não é só o ensino elementar e a alfabetização que se procura no rio Negro. Esses institutos são, ao mesmo tempo, escolas profissionais de carpintaria, alfaiataria, mecânica e de aprendizado agrícola. De forma que os alunos se formam convenientemente para a vida".

O ensino das meninas ficava por conta das irmãs salesianas, conhecidas como Filhas de Maria Auxiliadora. As religiosas também eram responsáveis pelo tratamento dos doentes e pela administração dos hospitais e ambulatórios médicos.

O esforço dos missionários foi ressaltado pelo general Alexandrino da Cunha: "Os salesianos rezam pouco e trabalham muito".

E pelo então presidente Juscelino Kubitschek ao visitar Taracuá em 1958: "Vocês estão construindo Brasílias nestas selvas e o meu governo não sabia".

Juscelino terá se dado conta de que foi às custas do trabalho não remunerado dos indígenas?

Muitos desses religiosos eram italianos e alemães oriundos de países em guerra comandados por ditadores que se mantinham no poder pela repressão violenta a seus opositores. Na bacia do rio Negro, os salesianos agiram de forma semelhante com os indígenas, mas em nome Deus e de um projeto "civilizador" que deu continuidade ao domínio de exploração do período colonial. Desprezando os costumes, as línguas e a cultura dos povos da região, impuseram seus valores de forma radical, através da educação das crianças nos internatos.

Ao entrar nos colégios, as crianças eram terminantemente proibidas de falar sua língua natal e incitadas a abandonar os costumes e os rituais de suas comunidades de origem. As malocas, grandes casas comunais que atuavam como centros cerimoniais e como modelo para pensar o território e o cosmos, enfrentaram a oposição ferrenha dos padres, que as consideravam promíscuas e insalubres. Quando a última delas foi destruída, no rio Uaupés, os salesianos organizaram uma festa para comemorar.

Morador de São Gabriel da Cachoeira, seu Maximiliano tinha 56 anos quando o conheci. Nascido em Ananás, comunidade Tukano no curso médio do Uaupés, estudou durante oito anos no colégio de Taracuá. Passava nove meses por ano afastado da família, na companhia de meninos de outras etnias, sem poder falar sua língua natal. A desobediência era punida com rigor:

— Quando o assistente ou o missionário pegava a gente falando tukano, suspendia o almoço ou o lanche. Você era obrigado a falar português e a deixar de ser índio. Esqueça que você é indígena. Tinha que ir para a igreja, acreditar em Deus e rezar para ele.

Em 2005, filmamos *Histórias do rio Negro*, documentário dirigido por Luciano Cury. A viagem a bordo do *Escola da Natureza* começou em São Gabriel da Cachoeira e terminou em Manaus. No percurso, paramos em Santa Isabel do Rio Negro, Barcelos, Novo Airão e nas comunidades ribeirinhas, para gravar entrevistas com personagens previamente selecionados pela produção e com qualquer pessoa que achássemos interessante.

Uma delas foi seu José, da etnia Tariana. Ele não se lembrava do ano em que nasceu, porque "fazia muito tempo", mas não tinha se esquecido da época do colégio em Iauaretê:

— Os padres não gostavam do nosso modo de viver. Reprimiam os benzimentos, as rezas dos pajés, a nossa fala. As danças, as festas, os cantos, os instrumentos musicais sagrados que foram deixados pelos nossos antepassados, tudo era pecado. A gente ia pro inferno se não jogasse fora.

No internato em São Gabriel, os colegas de seu José pertenciam a várias etnias:

— Tinha Desana, Tukano, Pira-tapuya, Kubeo, Arapaso, Hupda, Wanana, Kubeo... mais de dezessete povos. Cada grupo falava seu idioma, mas só podia conversar escondido. Quando chegava domingo, eles passavam filme pra gente, era a única diversão. Se naquela semana eles pegavam um cochichando na língua dele, suspendia o cinema, tinha que ficar na sala de estudo ou fechado no dormitório. Eu era muito moleque, fugia do castigo e ia pra festa beber caxiri.

Seu Maximiliano se queixa do desinteresse dos mais jovens pela cultura dos avós:

— Os padres, os pastores e os missionários tanto fizeram que os nossos parentes não gostam mais dos nossos costumes, do jeito tradicional de viver. Querem ser como os brancos, vejo isso até nos meus filhos e nos netos.

A partir de 1979, com o corte de recursos federais e a implantação de uma nova filosofia na diocese de São Gabriel, os internatos foram desativados gradualmente nessa cidade e em Iauaretê, Taracuá, Pari-Cachoeira e Maturacá.

O velho mateiro

Conhecia as plantas da Amazônia como ninguém. Pegava um galho de árvore ou de qualquer arbusto, olhava o formato das folhas, a disposição das nervuras, a ordem de inserção no caule, arrancava uma lasquinha do tronco com o terçado, sentia o cheiro, encostava na língua, tirava do bolso uma lente de aumento para examinar os detalhes anatômicos das flores, e dizia o nome da família.

Muitas vezes identificava também o gênero e mesmo a espécie; sabia o nome popular e o científico. Vi botânicos de renome internacional humildes diante de sua sabedoria cabocla.

Luiz Coelho nasceu na praia do Tracajá, em Tefé, no Amazonas, em 1929. O pai era proprietário de um regatão, barco-gaiola que visitava as comunidades à beira dos rios Japurá e Solimões carregado de mantimentos, panelas, cachaça, cartucho de espingarda, roupas, tecidos, fumo em corda, combustível para lamparina.

A família foi embora de Tefé por causa de uma disputa com os padres. Cansado de tanta viagem, o patriarca decidira botar roça de cacau numa área cuja propriedade mais tarde os padres salesianos contestaram. Como resultado do litígio, o pai foi forçado a entregar a plantação que começava a produzir e a migrar com a mulher e os cinco filhos para dois quartos alugados na Vila Municipal (atual Adrianópolis), bairro pobre na periferia de Manaus. A expulsão da família despertou no pai um anticlericalismo que o filho herdou e carregou pela vida:

— Padre é homem sem responsabilidade, não tem filho pra sustentar.

Mal os pais se instalaram em Manaus, Luiz contraiu a primeira de muitas malárias.

— Com seis anos, quando dei fé por mim, minha irmã mais velha e eu estávamos internados na Santa Casa, único hospital da cidade. O tratamento era com quinopólio, óleo de mamona misturado com outro líquido de cheiro forte e gosto horrível, para soltar o intestino. Depois vinha a injeção doída de Paludão, numas ampolas azuis que chegavam da Alemanha.

Durante a internação dos dois, a irmã mais velha foi vê-lo um dia na enfermaria masculina.

— Ela começou a chorar, abraçada comigo. Minha mãe tinha acabado de morrer no parto. Nosso irmãozinho também. Em Manaus, muita mulher morria assim. Quando estava para dar à luz, as famílias rezavam novena, faziam promessa e levavam para benzer.

Luiz parou de estudar quando completou o quarto ano do antigo primário. A cidade era pequena, escura à noite.

— Manaus não tinha violência, mas a malária atacava em toda parte. Quase ninguém sabia ler. Era muita pobreza, mais da metade da população andava descalça. Nossa diversão era ir nas procissões e saídas de missa para ver as mulheres andando com as pernas desequilibradas em cima do sapato.

O único jornal da cidade, o *Jornal do Commercio*, localizado na avenida Eduardo Ribeiro, tocava a sirene para anunciar os atropelamentos causados pelos bondes e os raríssimos eventos policiais, descritos numa folha de papel pregada na porta do prédio, em frente da qual se acotovelavam os curiosos. A mobilidade urbana dependia dos bondes e de meia dúzia de carros com manivela e cobertura de lona, antecessores do Ford Bigode.

— Os seringalistas se hospedavam no Grande Hotel — lembra seu Luiz. — O povo contava que eles acendiam charuto com notas de 10 mil réis.

Sem haver entrado uma vez sequer nesse hotel, seu Luiz sabia descrever o restaurante, os mármores importados, os móveis, as cortinas de tecidos franceses, os veludos italianos que forravam as poltronas, a louça da Companhia das Índias e os talheres de prata.

Seu fascínio pelo luxo do Grande Hotel ganhou dramaticidade quando relatou um crime ocorrido em suas dependências, assunto que tomou conta das conversas da cidade inteira e de sua imaginação infantil. Um seringalista, tão rico quanto temido pelas arbitrariedades, foi assassinado a golpes de facão desfechados na sacada do hotel por um adolescente imberbe que, aos cinco anos de idade, jurara vingar a morte do pai seringueiro a mando do patrão.

Aos 25 anos, Luiz abandonou a roça por causa de um anúncio do Inpa: precisavam de gente para trabalhar na coleta de material botânico.

Recebeu uma prensa, tesoura, jornal velho, caderneta de anotações e um guia de orientação. As primeiras coletas foram nas cercanias da cidade, mas no final daquele ano de 1954 Luiz voou num hidroavião Catalina, da antiga Panair, para uma expedição botânica de 42 dias pelo rio Branco, afluente do Negro, chefiada por aquele que seria seu mestre: o dr. William Rodrigues, um dos mais respeitados botânicos brasileiros.

Trabalhar com o dr. William despertou nele o interesse pela taxonomia das plantas. No Inpa, consultavam a *Flora Brasiliensis*, coleção de 64 volumes, escritos em latim, ilustrada com inúmeros desenhos.

Em 1955, viajou pela primeira vez com um pesquisador estrangeiro, o botânico japonês Takeuchi, que aprendera português para fazer doutoramento no Brasil. As coletas ocorreram na cidade de São Gabriel da Cachoeira, no Alto Rio Negro, pequeno povoado indígena em que a maioria dos habitantes só falava as línguas das etnias da região.

— Tinha um comerciante maranhense, seu Graciliano, que servia de intérprete para nós. Ele se entendia bem com os índios, falava várias línguas.

O comércio era feito na base de trocas, os indígenas não tinham noção dos valores. Se uma mercadoria era apregoada por 10 cruzeiros e o candidato a comprador se espantava com o preço, ele era imediatamente reduzido para dez centavos. Comida só em conserva, peixe ou caça; o Inpa fornecia a espingarda, mas só era permitido matar para comer.

Durante uma missa na igreja de São Gabriel, Takeuchi, interessado nos hábitos da cidade indígena, estranhando o véu que cobria a cabeça das fiéis, perguntou:

— Luiz, por que essas mulheres usam mosquiteiro na cabeça?

Seu Luiz se casou, teve sete filhos e dezessete netos. Além da parceria de 37 anos com William Rodrigues, ele foi mateiro dos mais renomados botânicos internacionais que passaram pela Amazônia: Ghillean Prance (Kew Gardens, Londres), Scott Mori e Douglas Daly (Jardim Botânico de Nova York), André Aubréville (Museu Nacional de História Natural de Paris), Klaus Kubitzki (Universidade de Hamburgo) e Alwyn Gentry, americano falecido em um acidente aéreo nos Andes equatorianos.

Nessa convivência, aprendeu teoria, rigor científico e adquiriu respeito pelo trabalho dos pesquisadores estrangeiros:

— Ao contrário de tudo o que dizem, eles gostam de ensinar e permitem muito mais acesso ao material colhido do que os brasileiros.

Nos anos 1970, seu Luiz foi contratado pelo projeto Radam Brasil, criado com a finalidade de identificar recursos naturais da Amazônia. Nas equipes formadas por cartógrafos, botânicos, geólogos, médicos e enfermeiros, o trabalho começava pela montagem de uma base na floresta, para possibilitar a chegada e a partida do helicóptero. Escolhido o local, desciam primeiro os rapelistas, para abrir com motosserra uma clareira em que o helicóptero pudesse aterrissar.

Em seguida, a equipe descia com os "picadeiros" à frente, encarregados de abrir no facão picadas de duzentos metros a dois quilômetros, conhecidas como espinhas de peixe por causa de seu traçado. Esse procedimento permitia que a floresta se refizesse quando os pesquisadores deixassem o local.

Em sucessivas viagens, subiram o rio Negro de Santa Isabel a São Gabriel, de onde entraram pelos afluentes para atingir Pari--Cachoeira e Iauaretê (fronteira com a Colômbia), Tabatinga (fronteira com o Peru e a Colômbia), Cucuí (fronteira com a Venezuela). Percorreram o rio Japurá e o Aripuanã, afluente do Madeira, igarapé por igarapé. No rio Tapajós, montaram acampamento em Itaituba, área de garimpo célebre pelas mortes em série ocorridas ali, e até hoje tomada pelos garimpeiros. Desceram até as cachoeiras do rio Jamanxim e foram a Itaituba e Jacareacanga, no Pará.

Quando se aposentou no Inpa aos setenta anos, depois de coletar mais de 36 mil espécies de plantas, seu Luiz veio trabalhar no nosso projeto de pesquisa.

Lembro dele com muito carinho. Foi um verdadeiro cientista. Sou muito agradecido por ter compartilhado comigo sua experiência de vida num Brasil que eu desconhecia e por tudo que me ensinou de botânica e de ecologia durante as coletas e nas noites depois delas, no laboratório do *Escola da Natureza*, quando passávamos horas examinando os detalhes anatômicos das plantas que permitiam identificá-las e reconhecer suas relações de parentesco. Aprendi que as leguminosas, um dos objetos de nossos estudos, formam a terceira família mais numerosa na Terra, com mais de setecentos gêneros e 19 mil espécies já descritas, que incluem plantas rasteiras como feijão, amendoim e soja, vários arbustos e jatobás e sucupiras com mais de cinco metros de altura.

Tamanha diversidade me permitiu entrar em contato com a seleção natural na prática, entender a importância da preservação e da floresta como um ser vivo, constituído por organismos subterrâneos interconectados numa rede de complexidade impossível de ser restabelecida em caso de destruição.

Conviver com a simplicidade e a sabedoria de seu Luiz, de facão no cinto atrás de uma espécie rara ou em conversas a bordo do *Escola da Natureza*, me fez adquirir mais respeito pela floresta e uma dimensão da botânica que os bancos escolares não me ensinaram.

Luiz Coelho faleceu em 2016, aos 87 anos, levando consigo um conhecimento enciclopédico da botânica amazônica, inúmeras memórias de andanças pelas matas e um desgosto:

— Nós, mateiros, somos uma espécie em extinção.

As coletas e o herbário

Quando conheci Gordon Cragg nos laboratórios do National Cancer Institute (NCI) em Frederick, ele me explicou, com a paciência de um professor de escola primária, que a identificação correta das plantas a serem estudadas era o calcanhar de aquiles dos programas de bioprospecção. Encontrar atividade farmacológica numa espécie sem ter certeza de seu nome compromete o processo inteiro.

O problema é que identificar a família, o gênero e a espécie numa floresta tropical com tamanha diversidade não é tarefa trivial. Poucos botânicos são generalistas, a maioria se especializa em determinadas famílias. Por exemplo, Scott Mori, do Jardim Botânico de Nova York, que visitou a Amazônia diversas vezes, era especialista em *Lecythidaceae*, à qual pertencem a castanha-do-pará e mais de trezentas outras espécies distribuídas em vinte gêneros de árvores, geralmente de grande porte.

Gordon Cragg me aconselhou a procurar Douglas Daly, curador de Botânica Amazônica do Jardim Botânico de Nova York.

A voz que atendeu o telefone falava português com sotaque amazônico. Ao expressar surpresa dizia "rapaaaz", interjeição característica da região. Tinha vindo muitas vezes ao Brasil a trabalho — na época participava de pesquisas com colegas da Universidade Federal do Acre — e aprendera português no convívio com mateiros e ribeirinhos. Era um dos sobreviventes da geração de botânicos que a xenofobia irracional havia afugentado do país. Marcamos encontro em Nova York, onde fui apresentado à coleção do Jardim Botânico de Nova York, o maior acervo de plantas da Amazônia. Surpreendente saber que uma das maiores autoridades mundiais em taxonomia da Floresta Amazônica era um botânico nascido em Oakland, perto de San Francisco, que morava no Village, em Nova York.

Douglas sugeriu que contratássemos Alexandre de Oliveira, jovem botânico formado pela Universidade de São Paulo (USP). Foi também Douglas quem me sugeriu uma viagem para conhecer o Alto Rio Negro, região montanhosa com flora diversa da que eu conhecia na parte baixa do rio, mais próxima de Manaus. Devo a ele o privilégio de ter conhecido São Gabriel da Cachoeira, tão presente neste livro, cidade indígena para onde eu voltaria mais oito vezes, até agosto de 2024, fascinado pela paisagem, pela velocidade das águas nas corredeiras, pelas montanhas ao fundo e pela igrejinha construída pelos salesianos havia mais de um século.

Foi dessa primeira viagem que surgiu a ideia de que a Unip publicasse um livro ilustrado em que discutiríamos temas relacionados à preservação e às condições de vida das populações ribeirinhas. Para o *Florestas do rio Negro* contribuíram especialistas que descreveram as diversidades da flora, as possibilidades de exploração sustentável, a fragmentação da paisagem, as iniciativas de preservação, as unidades de conservação já demarcadas e a bacia do rio Negro como cenário na busca de novos medicamentos, temas aos quais pouca importância era dada naquele início dos anos 1990.

Os autores do livro foram Alexandre de Oliveira e Douglas Daly. Eu me encarreguei da coordenação geral e escrevi um dos capítulos.

Alexandre montou o herbário e trabalhou no projeto por alguns anos, até ser contratado pelo Departamento de Botânica da USP. Para seu lugar veio o botânico Mateus Paciencia, que deu um impulso decisivo à formação do nosso herbário nas dependências da Unip de São Paulo.

Desde 2003, o herbário da Unip está devidamente registrado no Index Herbariorum, setor do Jardim Botânico de Nova York que credencia herbários do mundo inteiro.

Hoje contamos com cerca de 12 500 amostras arquivadas, material que nos permitiu identificar e catalogar 3850 espécies pertencentes a 170 famílias botânicas.

Mateus, botânico que há mais de vinte anos comanda as coletas e dirige o herbário, descreve os procedimentos para coletar as plantas que serão usadas nos testes de atividade farmacológica:

— O primeiro passo é identificar na floresta a planta de interesse. Em seguida, coletar amostras das partes vegetativas e reprodutivas: folhas, caules, galhos, flores, frutos, raízes. Se forem arbustos ou estiverem em área inundada (igapós), o material é cortado com um podão, tesoura de podar dotada de um cabo de alumínio articulado que pode ter o comprimento aumentado ou diminuído, conforme a altura a atingir. Se for árvore alta em terra firme, é preciso encontrar um subidor capaz de escalar vários metros para içar o podão e efetuar a poda.

É uma tarefa para homens com força nas pernas. Osmar, o mateiro que substituiu seu Luiz, é exímio nessa arte. No chão, ele passa uma cinta resistente em volta das pernas, logo acima dos tornozelos — a peconha —, abraça o tronco e apoia os pés na peconha, para começar a escalada em movimentos concatenados, como se as pernas fossem as de um sapo saltando. Os braços, sempre ao redor do tronco, acompanham a escalada das pernas. Quando atinge a altura desejada, o subidor solta uma das extremidades do cinto de segurança preso à cintura, para passá-lo em volta do tronco e prendê-lo na fivela outra vez.

Os brancos aprenderam essa técnica com os indígenas, com a diferença de que os nativos não tinham as fitas de fibras resistentes de hoje para servir de apoio aos pés; a peconha era feita com cipós e enviras. Também não havia cintos de segurança. Se o homem se desequilibrasse, despencava lá de cima.

Embaixo, a equipe que vai recolher as partes da planta alça o podão até o subidor por uma cordinha que ele traz atada ao cinto. No chão, o material podado é cortado em fragmentos menores com tesouras manuais e acondicionado em sacos brancos de algodão, no interior dos quais é guardada uma etiqueta de papel num envelope de plástico, com a descrição da planta, a identificação e a localização pelo GPS.

O material, que deve pesar pelo menos um quilo, é levado para o laboratório do barco, onde ficará exposto para a secagem. Lá, será preparada a amostra com folhas, flores, frutos, galhos e demais partes anatômicas, para identificação e arquivamento no herbário. São as exsicatas.

Assim acondicionadas, as exsicatas vão para uma prensa de madeira, entre folhas de jornal, de onde sairão prontas para ser coladas numa folha de cartolina, que manterá visível folhas, flores, frutos e demais partes importantes para a identificação. Numa ficha ao lado, ficam anotados os nomes científico e popular, uma descrição sumária da planta, as características da floresta em que ela foi colhida (igapó, terra firme, campinarana etc.), a localização exata com os dados fornecidos pelo GPS e o nome completo de todos que participaram da coleta.

A preparação das exsicatas obedece a essa técnica simples, porém capaz de preservá-las por mais de duzentos anos. É a mesma técnica desenvolvida nos tempos do pai da taxonomia moderna, Lineu, que no século XVIII classificou os seres vivos em reinos, filos, classes, ordens, famílias, gêneros e espécies, hierarquia taxonômica usada até hoje.

Folhear essas amostras nos arquivos é uma experiência silenciosa de rara beleza. Os herbários são galerias de arte com obras que a seleção natural levou milhões de anos para criar.

O laboratório de extração

O material colhido na mata vai primeiramente para o laboratório na Unip de Manaus. Folhas, raízes, frutos, flores e galhos são moídos separadamente e depois encaminhados para o Laboratório de Extração na Unip de São Paulo.

Naquele encontro inicial com Gordon Cragg, ficou acertado que enviaríamos um profissional para ser treinado no Laboratório de Extração do NCI, sede do Natural Products Branch.

Na volta, entrevistei Ivana Suffredini, recém-formada na Faculdade de Farmácia e Bioquímica da USP. José Augusto Nasr, diretor da Unip, providenciou os fundos e organizou a burocracia interna para viabilizar o estágio.

No laboratório, Ivana passou três meses sob a orientação de Tom McCloud, um dos biólogos que mais conhecem a química dos produtos naturais. Terminado esse período, fui a Frederick para entender o que precisaríamos providenciar para a montagem de um laboratório em São Paulo que seguisse as mesmas normas internacionais do NCI.

Na saída Tom me disse:

— Não perca essa jovem. Só não lhe ofereci uma posição aqui porque ela será mais importante para vocês.

E de fato tem sido. Ivana trouxe uma planta do laboratório de extração em que estagiara para montar na Unip uma réplica de dimensões menores, porém idêntica à do NCI. Com dedicação, ela montou as instalações que funcionam até hoje.

O processo de extração consiste em dispor a parte moída da planta em frascos de vidro e acrescentar água ou álcool para preparar os extratos, que nada mais são do que soluções, verdadeiros chás. Em cada solvente vão se dissolver solutos com propriedades diferentes.

Esses chás são levados para equipamentos que vão provocar a evaporação do solvente, para a obtenção do pó que será conservado nos freezers em temperaturas de −70°C, de onde virão as amostras para testagens futuras nos sistemas experimentais.

Os passos seguintes são identificar nos extratos quais são as frações responsáveis pela atividade demonstrada, etapa obrigatória que precede os testes em seres humanos e a obtenção de patentes internacionais.

A Extratoteca da Unip armazena cerca de 2400 extratos, todos obtidos com técnica padronizada e rotulados com código de barras para identificação. Como os testes de atividade são realizados com miligramas de cada amostra, o material já estocado é suficiente para muitos anos de pesquisas.

Para testar a atividade farmacológica, nós nos concentramos principalmente em dois sistemas experimentais in vitro: células tumorais malignas e bactérias resistentes aos antibióticos.

A produção científica do laboratório levou à publicação de 92 artigos, muitos deles em revistas internacionais de impacto, além de apresentações em cerca de duzentos congressos científicos.

A atividade didática mais relevante, no entanto, tem sido a formação de profissionais jovens interessados na área. Concluíram o curso de iniciação científica 43 estudantes, foram defendidas 22 dissertações de mestrado e dezesseis teses de doutoramento.

As descobertas de novos medicamentos são processos demorados que exigem investimento financeiro, formação de pessoal e produção científica. É provável que no meu tempo de vida eu não chegue a presenciar o lançamento de um produto desenvolvido em nossos laboratórios.

Mas ver concretizada uma ideia surgida há mais de trinta anos, numa tarde ao contemplar a beleza e a diversidade da floresta do rio Negro, que passava diante do *Escola da Natureza* em movimento, e saber que gerações futuras continuarão esse trabalho dá uma sensação dever cumprido.

Do serrote à taxonomia

— Ali, para sobreviver, ou colhia borracha ou derrubava madeira — diz Osmar.

"Ali" era Canutama, cidadezinha na margem esquerda do rio Purus, afluente do Amazonas, parcialmente alagada durante a cheia. Situada a cerca de seiscentos quilômetros de Manaus, Canutama faz parte de uma região habitada pelos indígenas Juma, povo da família linguística tupi-guarani.

Segundo o antropólogo alemão Günter Kroemer, que conviveu com os Juma nas décadas de 1980 e 1990, viviam nessa área cerca de 15 mil Juma no século XVIII. Sucessivos massacres e epidemias de doenças infecciosas, no entanto, reduziram a população a cem pessoas, de acordo com um levantamento feito em 1943.

Alvo de disputas fundiárias, as terras foram invadidas por seringalistas, comerciantes de castanha e garimpeiros na década de 1960. Em 1964, aconteceu o etnocídio final. Segundo Kroemer, "mais de sessenta indígenas. Crianças, mulheres e homens foram mortos a tiros na defesa do território". Os assassinos foram denunciados, mas nunca punidos.

Osmar Ferreira nasceu em 1963. Não foi para a escola, aos seis anos já sangrava seringueiras para coletar látex na floresta:

— Éramos dez filhos, todo mundo tinha que trabalhar, senão passava fome.

Acordavam antes de clarear. Os mais crescidos ensinavam os mais novos a fazer as incisões na casca da seringueira e a posicionar a latinha no vértice delas, para recolher o látex que escorria. Osmar era tão pequeno que só alcançava a parte mais baixa dos troncos e dependia da ajuda dos irmãos para os cortes mais altos. Almoçavam farinha de mandioca, peixe ou carne de caça conservados no sal. Ao cair da tarde, o banho no rio:

— Era a hora mais feliz do dia, que prazer aquela água no corpo cansado...

Aos dezesseis anos, começou a serrar madeira:

— Naquele tempo, podia serrar à vontade. Ninguém fiscalizava nada.

O inverno, período de chuvas que vai de novembro a junho, era dedicado à derrubada das árvores, porque os troncos serrados podiam ser transportados flutuando pelos igapós. No verão do segundo semestre, com o rio seco, melhor coletar látex do que carregar troncos nas costas.

Não existia a comodidade da serra elétrica:

— Era no machado. Quando a árvore caía, quebrava as vizinhas e abria uma clareira. Tinha que torar o tronco com serrote em pedaços de dois a três metros. A gente amarrava um pedaço no outro com cipó e saía puxando pela água. O problema é que, no meio da floresta inundada, nem sempre tinha espaço para passar.

Nessa hora vinha o pior: mergulhar para serrar as árvores que obstruíam a passagem:

— Mergulhava dois, três metros para serrar elas bem embaixo, de um jeito que abrisse espaço. Quando a respiração faltava, nem desencaixava o serrote do tronco, subia, enchia o pulmão três, quatro vezes, e afundava de novo. Podia levar meia hora ou mais pra seguir em frente. Na barreira seguinte, tudo de novo. Não podia desanimar.

Osmar se casou aos dezoito anos e teve dois filhos.

A madeira e o látex eram vendidos para seu Chico, que se dizia proprietário das terras dos dois lados do rio. Em troca, recebia os mantimentos que não podiam faltar à mesa: farinha, sal, açúcar e macarrão, além do querosene para a lamparina.

No fim do mês, quando acertava as contas com seu Chico, só levava desvantagem. Como não sabia ler, era roubado no valor do aluguel do machado e do serrote, nas medidas da farinha, no peso do macarrão, da banha e dos demais alimentos que o patrão vendia. Osmar não sabia calcular a metragem cúbica da madeira de lei que entregava: louro, andiroba, cedro, copaíba, jacareúba.

Na contabilidade do patrão, ficava sempre no vermelho, problema que seu Chico resolvia com boa vontade:

— Não se preocupe, você me paga com o látex no começo do ano...

Quando Osmar entregava o látex, a mesma conversa:

— Você me paga quando entregar a madeira...

Com os companheiros dele era a mesma coisa, a dívida não tinha fim.

Aos dezoito anos, decidiu ir para a escola, entendeu que seria roubado enquanto não soubesse ler nem calcular em metros cúbicos o volume da madeira que entregava.

Fez matrícula na Escola Estadual Eduardo Ribeiro, dos Irmãos Maristas, a principal escola de ensino fundamental de Canutama. Era preciso acabar o trabalho a tempo de chegar às 18h15 na escola, horário em que serviam a sopa antes de começarem as aulas. Até completar o fundamental nunca perdeu uma aula, a não ser quando os religiosos requisitavam os alunos para o trabalho braçal:

— Dia que chegava a balsa éramos nós que descarregávamos: saco de cimento, ferro, areia, seixo, pedra. Não pagavam nada pra gente, diziam que era para construir sala de aula e quadra de esporte para benefício nosso.

Quando completou 25 anos, propôs que o patrão lhe arrendasse uma área da floresta em troca de 30% dos ganhos obtidos pela venda da madeira, com a condição de vender para quem quisesse.

— Tirei seiscentos metros cúbicos de madeira de lei.

Só quando recebeu o primeiro pagamento ele teve ideia da exploração a que fora submetido durante tantos anos.

— Recebi 13 milhões de cruzeiros. Dei 3,9 milhões pra ele e ainda saí do escritório com mais de 9 milhões num saco de cinco quilos de açúcar cheio de notas de dez até a boca. Comprei duas casinhas na cidade com esse dinheiro.

A morte do sogro, proprietário de duas casas em Manaus, mudou o rumo da família: um promotor de Justiça explicou que a sogra precisava despejar os inquilinos e assumir a posse dos imóveis, para não correr o risco de perdê-los.

Mudaram-se, com a sogra, para o bairro Alvorada, zona oeste da cidade, em 1989. Ele tinha 26 anos, o filho mais velho, cinco, o mais novo, quatro.

— A gente sempre se deu bem, minha sogra e eu. Ela não sabia ler, não largava de mim.

Reunidas as economias, ele e a esposa tinham 200 mil cruzeiros e a sogra 2 milhões.

— Era tanto dinheiro que, quando fui abrir uma poupança pra ela, a funcionária do banco me encaminhou pra falar direto com o gerente.

Na cidade grande, viúva, ela começou a sair toda noite:

— Era uma festa: roupas novas, maquiagem, cervejada. Com dinheiro no bolso qualquer um faz um monte de amigos. Eu avisava: "Cuidado, sua poupança vai acabar".

Em um ano de fato acabou.

Osmar conseguiu um emprego das dez da noite às seis da manhã como analista químico na fábrica da Antarctica, com a função de analisar as propriedades da cerveja nos tanques de fermentação e fazer a contagem das leveduras no microscópio. Como a operação tinha que ser repetida a cada duas horas, não havia descanso:

— Mal terminava um, tocava o alarme do tanque seguinte. Era a noite inteira em pé, não sobrava um minuto pra sentar.

Foram sete anos nessa vida, até a empresa automatizar o processo de análise:

— Um aparelhinho demitiu os 84 funcionários que faziam esse serviço.

Da Antarctica ele foi para a Embrapa, até perder o emprego dois anos depois. Foi lá que começou a se interessar pelos nomes e pelas características das plantas.

Enviou o currículo para disputar a vaga de mateiro no Inpa. No exame de seleção, os candidatos precisavam escalar um matamatá, árvore com mais de vinte metros de altura, usando apenas a peconha. Osmar achou que não teria chance: estava com 36 anos, os concorrentes eram bem mais novos.

— Tinha chovido, o tronco estava molhado. Eles subiam dois ou três metros e escorregavam. Eu cheguei até lá em cima.

Apesar de selecionado, a nomeação demorava a sair. Continuava à espera, quando o botânico Mateus Paciencia foi apresentado a ele, em 1999.

Contratado pela Unip, desde então Osmar é o mateiro do nosso projeto, pessoa muito querida por todos nós. Com 64 anos, continua subindo nas árvores com a mesma habilidade de 25 anos atrás, com a diferença de que agora conhece as famílias e os nomes populares das plantas.

O caboclo amazônico que até os dezoito anos não sabia ler

nem escrever aprendeu botânica com seu Luiz Coelho e, especialmente, com Mateus:

— Eles me ensinaram tudo o que eu sei. Não sou bom de leitura, fui analfabeto por muitos anos, esqueço fácil quando leio, mas é só falar o nome da planta que eu guardo na memória. Não precisa repetir.

E conclui:

— De destruidor, virei preservador.

O deslumbre

Ao visitar o Brasil a bordo do *Beagle*, Charles Darwin escreveu: "Deleite, entretanto, é uma palavra fraca para expressar os sentimentos de um naturalista que, pela primeira vez, esteve perambulando sozinho numa floresta brasileira".

Durante as coletas, sempre gostei de me separar do grupo para momentos de contemplação silenciosa. Na mata fechada, basta nos afastarmos cinquenta metros uns dos outros para desaparecermos atrás dos troncos. Dá aflição pensar como é fácil se perder. Desorientado espacialmente como sou desde criança, por mais atenção que prestasse no caminho de ida e por menor que fosse a distância que me separava do grupo, muitas vezes precisei gritar para seguir a direção dos gritos que me respondiam, conforme o combinado entre nós, por questão de segurança.

Para quem entra numa floresta no rio Negro, as belezas são reveladas de acordo com a direção para a qual o olhar se dirige.

O chão é forrado por raízes que se entrelaçam e por uma camada espessa de folhas secas. As cores vão do verde aos vários tons de amarelo, marrom e cinza das que caíram há mais tempo. Sobre elas, juntam-se gravetos que estalam sob nossos pés e outros ainda úmidos que envergam sob o peso do corpo. É preciso estar atento a eles, porque, ao pisar numa extremidade, a outra pode se erguer do chão e travar o passo dado com a perna oposta. Caí mais de uma vez por desatenção a esse detalhe.

Plantinhas com meia dúzia de folhas se esgueiram aqui e ali no meio da folhagem. Difícil imaginar que um dia serão árvores enormes, se lhes for concedida a luminosidade de que necessitam. Esporos de samambaias de diversas espécies germinam nesse mar de folhas em decomposição. O ambiente lhes oferece o que mais desejam: sombra e umidade. O formato das folhas varia de acordo com a espécie, mas a distribuição espacial é semelhante: nascem em galhos finos e elásticos, mas resistentes. Na escala evolutiva, as pteridófitas constituem o primeiro grupo de plantas dotado de vasos para conduzir a seiva. A depender da claridade, guardam distância umas das outras ou se aproximam em tufos de um metro de altura que contrastam com as mais jovens, de um palmo, e as recém-nascidas.

Na terra firme, avencas são raras, encontradas eventualmente junto a fragmentos de troncos decompostos ou nas bordas de pequenos cursos de água. Nas matas do rio Jaú, vi uma pedra de três metros de altura, sobre a qual escorriam filetes de água, coberta de avencas de folhas miúdas. Eu nunca tinha visto tantas num lugar só.

Completam esse tapete de folhas mortas, que repousa sobre uma rede de raízes conectadas umas às outras para constituir o arcabouço de sustentação da floresta, os troncos que se quebraram e os galhos que despencaram das árvores. São úmidos, revestidos de fungos que formam manchas cinzentas e esverdeadas, salpicadas em toda a sua extensão. Com eles, dividem esse habitat buquês com estruturas semelhantes a pequenas folhas coladas ao tronco. São os líquens, quimeras estranhas resultantes da associação mutualística entre algas e fungos, nas quais a alga faz fotossíntese e o fungo contribui com água e minerais.

Entremeadas às manchas desses habitantes, há microflorestas verdes, grudadas aos troncos, sem raízes nem vasos para conduzir a seiva. São briófitas, os vegetais mais antigos do planeta, cujos ascendentes provavelmente estão na base da evolução de todas as plantas terrestres. Dão a impressão de tapetes lisos, homogêneos, mas têm uma diversidade enorme. Um de seus três grandes grupos, os musgos, reúne mais de 14 mil espécies já descritas, que ocupam 1% da superfície terrestre, desde as florestas tropicais até as tundras canadenses. Em nosso laboratório temos estudado espécies colhidas na Antártida pelo botânico Mateus Paciencia.

As briófitas têm grande importância ecológica, por armazenar carbono e umidade e por serem consideradas espécies pioneiras: ao se instalar num local, criam nichos ecológicos para insetos e plantas. Elas não se limitam a viver apenas nos substratos do solo, sobem pelos caules das árvores ao redor. Com uma lente de aumento que ganhei de seu Luiz Coelho, nosso saudoso mateiro, aprendi a observar as características dessas miniplantas que conseguem se fixar aos troncos mesmo sem ter raízes, formando microflorestas que imitam as verdadeiras: algumas são arbustos com folhas minúsculas, outras parecem samambaias ou arvorezinhas e palmeiras quase microscópicas. É possível passar horas a admirar essas micropaisagens de plantas ancestrais.

Nas trilhas aparecem flores miúdas e frutos que denunciam as espécies das árvores, dos cipós e dos arbustos de onde caíram. Como as temperaturas variam pouco no decorrer do ano, as chuvas é que comandam a floração, mais frequente nos meses secos. É um prazer pegá-las nas mãos para admirar a delicadeza da anatomia, a sutileza das cores e imaginar que tipo de inseto é capaz de polinizá-las.

Frutos que vão do tamanho de uma pitanga ao de um abacate jazem no solo à espera do primeiro mamífero com fome que levará suas sementes no aparelho digestivo, para germiná-las à distância. O olhar que sobe tem acesso a outra floresta, formada por troncos, arbustos, palmeiras, cipós, casas de formigas e de cupins, epífitas e hemiepífitas agarradas aos galhos que lhes oferecem sustentação.

As primeiras forquilhas nas ramificações dos troncos são os locais preferidos das bromélias, que formam touceiras das quais emergem flores vermelhas e amarelas de longa duração. A água armazenada entre suas folhas compactas tem importância na multiplicação de mosquitos de interesse em saúde pública, outros insetos e até na sobrevivência de pequenos anfíbios, que se aproveitam das condições locais para se alimentar e reproduzir.

Ao lado das bromélias, vivem as epífitas verdadeiras, que passam todo seu ciclo de vida apoiadas nas árvores que as hospedam. Epífitas com folhas curtas ou longas, de todos os formatos, agarram-se às forquilhas. Algumas são rasteiras, parecem grama aderida aos galhos, outras têm folhas compridas e pendentes.

As orquídeas dão um show à parte com sua festa de flores amarelas, lilás, vermelhas cor de sangue, inteiramente brancas ou com pintas avermelhadas. O perfume pode ser sentido a metros de distância. Orquídeas de flores únicas, grandes, reinam soberanas junto a outras miúdas, que formam cachos para atrair abelhas, vespas, morcegos e besouros de hábitos diurnos e noturnos. Difícil eleger a mais linda, dá vontade de levar todas para casa e passar o resto da vida no meio delas.

As hemiepífitas, por outro lado, podem germinar nas árvores, levadas pelos pássaros, e lançar suas raízes até alcançar o solo ou seguir o caminho inverso: nascer no chão e ascender pelos caules. Nas duas possibilidades, em algum momento do ciclo de sua vida, perderão o contato com o solo para viver como epífitas verdadeiras.

O cipó-titica, de valor comercial, é uma dessas hemiepífitas, uma trepadeira que escala o tronco de uma árvore até atingir a copa, local em que suas raízes começam a crescer na direção do solo. Essas raízes aéreas são cortadas pelos ribeirinhos, os rolos colocados na canoa e levados para os comerciantes, que os transformarão em cestos, peneiras, móveis e objetos decorativos.

Germinar no topo das árvores também é a estratégia das figueiras-mata-paus, árvores com raízes que, ao alcançar o solo, irão se desenvolver e comprometer o crescimento daquela que lhe deu suporte, até sufocá-la e ocupar sua posição à luz do sol. Tenho uma foto de uma dessas árvores assassinas, com folhagem exuberante, ao lado de um esqueleto quase seco que um dia foi a árvore majestosa que ela sufocou.

A alguns metros do chão, formigueiros e cupinzeiros enormes abraçam os caules. A primeira vez que vi seu Luiz abrir uma brecha num deles com um golpe de terçado, achei que seus habitantes levariam dias para reparar o estrago. Imediatamente, saiu uma multidão de formigas alvoroçadas, caminhando em zigue-zague, esbarrando suas antenas umas nas outras, como um exército bem treinado. Quando voltamos, duas horas depois, o formigueiro estava íntegro, nem sinal do corte. A mesma capacidade de reparação coletiva da vivenda é compartilhada com os cupins.

As palmeiras preenchem o espaço visual entre os troncos. Na mata fechada predominam as de baixa estatura. Algumas são quase rasteiras ou têm poucos metros de altura. Outras têm alturas intermediárias, como é o caso das piaçabas, palmeiras de interesse comercial que não passam dos quinze metros. Quando há fartura de luz e espaço, bacabas e buritis podem chegar a atingir vinte ou trinta metros de altura. Tucumãs, açaís, pupunhas e bacabas, entre outras, dão frutos consumidos em toda a bacia do rio Negro e em outras regiões da Amazônia.

Pupunha é a minha preferida. A polpa tem um gosto que mistura coco com milho verde. São fáceis de descascar com a mão, a casca se desprega da polpa com facilidade. Combina tão bem com café preto que, numa manhã, cheguei a comer quinze. Nem almocei naquele dia. Quando soube que cada unidade tem entre noventa e cem calorias, tomei um susto.

Numa conversa que tive com o arqueólogo Eduardo Neves, da USP, ele me explicou que os indígenas do Alto Rio Negro desenvolveram diversas espécies de pupunha que dão frutos maiores, entre elas uma variedade sem caroço. Só de pensar fiquei com água na boca.

Se em terra firme olhamos para o céu, o azul é recortado pelo dossel da floresta em milhares de fragmentos. Há copas tão fechadas que impedem a passagem do sol. As árvores de troncos grossos do filme *Fitzcarraldo*, que povoam o imaginário popular, são raríssimas. O diâmetro do tronco da maioria delas não passa de algumas dezenas de centímetros. Plantas que vivem em competição pela luz não gostam de desperdiçar energia no crescimento horizontal; preferem investi-la no vertical. O sucesso dependerá menos da grossura do tronco do que da rigidez de suas fibras, que o protegerão das intempéries. Impossível quebrar com as mãos mesmo troncos jovens de quatro, cinco centímetros de diâmetro.

Mateus Paciencia descreveu assim a visão do teto da floresta:

> São espirais, braços de um polvo, com folhas opostas, alternas, em zigue-zague ou dispostas ao acaso, nos ápices dos ramos mais altos ou distribuídas simétrica e parcimoniosamente por toda a planta, até o dossel. Ao lado das que perdem as folhas e deixam a luz entrar, outras não permitem que penetre um raio de sol sequer.

Das copas pendem inúmeras variedades de cipós, plantas que desenvolveram a estratégia de se apoiar nas outras para chegar ao dossel ou de seguir o trajeto inverso: germinar nas copas e lançar suas raízes para baixo. Algumas espécies têm caules da grossura de uma cobra, em outras eles são lenhosos, tão grossos quanto o caule da árvore que lhe dá suporte.

No alto, podemos identificar a folhagem exuberante de alguns cipós que são indistinguíveis das copas frondosas da vizinhança. Suas raízes aéreas podem ser tantas e descer tão paralelas que imitam cordas de um instrumento musical gigante.

Há árvores com galhos forrados de briófitas, fungos e líquens, que servem de suporte para samambaias, orquídeas, bromélias, cupinzeiros e formigueiros onde entram e saem formigas apressadas, transitando para cima e para baixo. Essas plantas protegem e se beneficiam da presença de seus habitantes.

Cada uma delas é um nicho ecológico. A floresta é composta de bilhões desses nichos dispersos em toda a extensão de suas infinitas partes.

Os indígenas e a biodiversidade

O homem chegou à Amazônia há pelo menos 12 mil anos. A ocupação humana dessa região é tão antiga quanto a de outros locais da América do Sul, ocorrida na transição do Pleistoceno para o Holoceno. Dos primeiros grupos de caçadores-coletores às migrações das populações sedentárias que desenvolveram as plantações de mandioca, as terras da bacia do rio Negro foram ocupadas por sucessivas populações que se deslocavam à procura de condições de subsistência mais favoráveis.

Numa conversa com o indigenista Marcos Wesley, que dirige o ISA em São Gabriel da Cachoeira, falávamos sobre a diversidade das plantas do rio Negro, quando ele expôs a fragilidade da visão científica que eu tinha a respeito da floresta:

— Você esquece que os indígenas vivem na região há milhares de anos. Impossível analisar as florestas do rio Negro sem considerar a intervenção de mãos humanas no plantio e no espalhamento, ao redor das aldeias e das trilhas na mata, de espécies em que tinham interesse.

Em minha ignorância, jamais havia pensado nessa possibilidade. Para mim, a floresta era um organismo praticamente intocado pelos povos originais. Wesley acrescentou:

— Para entender a biodiversidade da floresta é preciso analisar as evidências arqueológicas que contam a história antiga dos povos indígenas e de como eles modificaram o meio, numa época em que os europeus ainda viviam em cavernas. Você precisa conversar com o Eduardo Neves.

Eduardo Góes Neves é professor no Museu de Arqueologia e Etnologia da USP e da Universidade Federal do Amazonas (Ufam). Um dos principais pesquisadores dedicados à Amazônia, ele escreveu livros e publicou diversos artigos sobre o tema em revistas internacionais de primeira linha.

Eduardo atribui o mau conhecimento da cultura dos povos originais do período pré-colonial à falta de documentação e de estudos arqueológicos:

— Considerar que se tratava de uma cultura mais "primitiva", por não ter deixado relatos escritos, é desconhecer a história da humanidade. O *Homo sapiens* surgiu há cerca de 300 mil anos, enquanto a habilidade para escrever foi adquirida há apenas 4 mil ou 5 mil anos. Portanto, o analfabetismo nos acompanhou 98,5% do tempo da existência da nossa espécie. A tradição oral dos indígenas brasileiros antecede em milênios a formação do que chamamos de povo português.

São muitas as evidências do papel dos povos originais na formação das florestas que habitaram por tanto tempo.

Em várias regiões do rio Negro existem manchas de terras escuras de consistência oleosa que contrastam com os solos arenosos predominantes nos rios da região. Chamadas de terras pretas, elas ocupam áreas que vão de um hectare até noventa hectares, com profundidades de um metro a três metros, que os arqueólogos têm estudado com muito interesse. Diz Eduardo Neves:

— Terras pretas são sítios arqueológicos que acumulam restos de esqueletos de animais e de seres humanos, de objetos de uso doméstico, dejetos e fragmentos de cerâmicas de importância histórica. Essas terras devem ter se formado por compostagem, às custas da matéria orgânica desprezada por povos que viveram nesses locais. Constituem solos mais estáveis, que permitem sucessivas plantações de roças sem perda de fertilidade depois de três ou quatro anos, como ocorre com as terras de solo arenoso que predominam na região.

Nas ruínas que conheci no Baixo Rio Negro, como as da vila de Velho Airão e do leprosário de Paricatuba, há árvores enormes no interior das casas desabadas. Sempre achei que se tratava de um fenômeno natural a floresta tomar de volta o espaço que lhe fora roubado. Os arqueólogos consideram que a atividade humana interferiu, como explica Eduardo:

— Esses locais, ricos em refugos orgânicos de seus habitantes, acumulados no decorrer de séculos por caçadores-coletores e, mais tarde, por habitantes das grandes aldeias e pelos migrantes nordestinos, continham sementes que germinaram na vizinhança e no interior das casas abandonadas.

Por milhares de anos, a intervenção do indígena na composição das matas ao seu redor, por meio do fogo controlado, da plantação de pomares, da domesticação de espécies úteis às suas necessidades e da eliminação das que eram nocivas ou sem utilidade prática, ao redor das casas e ao longo das trilhas, alterou a biodiversidade sem romper o equilíbrio ecológico.

No decorrer dessa longa convivência, as sociedades indígenas desenvolveram tecnologias não só para adaptar o ambiente à sobrevivência delas como para otimizar sistemas de produção de alimentos, os quais acabaram por se incorporar à paisagem atual.

Eduardo Neves resume:

— A Floresta Amazônica deve ser entendida como uma agrofloresta, um patrimônio biocultural dos brasileiros.

Durante pelo menos 12 mil anos, os povos originais conviveram em harmonia com as florestas. Em apenas meio século — de 1970 a 2020 —, o homem branco destruiu 20% da floresta. Na seca de 2024, mais de 1500 focos de incêndio concomitantes foram registrados na região amazônica. Nós é que somos os civilizados?

Petróglifos

Petróglifos são gravações rupestres encontradas em diversas partes do mundo. Na bacia do rio Negro, eles estão situados em rochas nas margens dos rios, especialmente ao longo do trajeto das cachoeiras. Algumas dessas inscrições são visíveis durante o ano todo, enquanto outras afloram na seca e submergem na cheia. Elas constituem um dos registros mais antigos da presença humana nessas paragens. Muitas apresentam sinais de erosão que levaram milênios para se formar.

Os petróglifos foram esculpidos no granito sólido, com sulcos de cerca de dois centímetros a quatro centímetros de profundidade, num tempo em que não existia ferro, muito menos as ferramentas de hoje.

A idade dessas inscrições é muito difícil de estimar, devido à inexistência de pinturas com o material orgânico necessário para a aplicação das técnicas com carbono 14, a metodologia mais empregada. Essa falta de precisão explica por que na literatura a estimativa de idade dessas inscrições vai de mil anos a 7 mil anos antes da época atual.

Os diversos estilos representados sugerem sua origem em diversas épocas e em diferentes povos indígenas. A variedade dos desenhos é grande; os mais encontrados são os geométricos, produzidos com linhas em espirais, círculos, retas paralelas, em zigue-zague ou que se cruzam em forma de rede. Outros mostram figuras humanas estilizadas com corpos alongados, cabeças redondas, faces, olhos e bocas. Outros, ainda, representam imagens de animais estilizados: peixes, cobras, onças e aves. Há também máscaras, motivos abstratos e simbólicos ou figuras múltiplas que agrupam seres humanos e animais.

Ainda no século XIX, o naturalista Alfred Wallace descreveu petróglifos no Alto Rio Negro, em seus afluentes e no Baixo Rio Amazonas: "Numa pequena ilha pedregosa na foz do rio Branco também encontrei numerosas figuras de homens e bichos de grande tamanho, gravadas na duríssima rocha granítica".

Em suas peregrinações pelo Alto Rio Negro, Wallace relatou a presença de numerosas figuras esculpidas nas rochas, na margem direita do rio Uaupés:

> Elas contêm representações grosseiras de utensílios domésticos, canoas, animais e figuras humanas, bem como círculos, quadrados e outras figuras geométricas [...] Contudo, não há dúvida de que elas foram desenhadas há muito tempo e que não foram feitas pelos indígenas de hoje. [...] Quando se pergunta a eles sobre isso, dizem não saber ou então acham que foram feitas por espíritos.

Entretanto, a fonte mais importante de documentação sobre as imagens rupestres do Alto Rio Negro foi publicada em 1907, com a monografia *Petróglifos sul-americanos*, de autoria do etnógrafo alemão Theodor Koch-Grünberg. Nela, o autor descreve em detalhe 39 sítios com gravuras ao longo dos rios Negro, Içana, Arari, Tiquié, Uaupés e outros.

Para o etnólogo Aloisio Cabalzar, do ISA, Koch-Grünberg foi o primeiro a percorrer grande parte da região e descrever com detalhes as línguas, os costumes e os aspectos culturais dos povos com os quais manteve contato. Em relação aos petróglifos, Cabalzar diz: "O que interessa, mais do que a análise técnica elaborada por Koch-Grünberg acerca dos petróglifos, é o registro cuidadoso, a transcrição que fez dos petróglifos".

Contrariando as interpretações da época, que atribuíam às inscrições significados como descrição de batalhas, naufrágios, rituais, mitos e marcos territoriais, o etnógrafo alemão acreditava que elas tinham sido "feitas casualmente, como expressões lúdicas de um senso artístico ingênuo, e [...] que raramente ou nunca tinham [...] um significado mais profundo".

Pelo fato de os petróglifos estarem próximos das cachoeiras, lugares em que os navegadores eram obrigados a fazer pausas para descansar e carregar as canoas, Grünberg atribuiu ao ócio desses momentos o tempo livre para esculpir as inscrições.

Nos meios acadêmicos e entre os povos da região, no entanto, essa visão tem sido contestada. Os indígenas Tukano consideram que essas marcas trazem informações sobre a construção do mundo, dos corpos e das relações entre os seres. Para eles, esses locais foram concebidos como Casas de Transformação, nas quais teriam surgido os primeiros seres humanos.

Para os Baniwa e os Koripako, habitantes das margens do rio Içana e de seus afluentes, os petróglifos indicam as origens da humanidade, relacionadas com os feitos de Ñaperikuli e Kuwai, que deram ao mundo sua configuração atual.

Para os Tuyuka, podem ser casas de tristeza que foram evitadas na viagem da Canoa de Transformação.

No ambiente acadêmico, essas interpretações têm gerado discussões acaloradas nos últimos anos.

Black Hawk

A ideia da viagem surgiu numa das vezes em que estive em São Gabriel. Estava hospedado no Deus Me Deu, hotel da rua principal, quando um capitão do Exército me procurou com um convite do tenente-coronel Vianna Peres, comandante do 5º Batalhão de Infantaria de Selva, para conhecer o quartel sediado na cidade.

Estavam comigo o botânico Mateus Paciencia, o professor da Unip Wilson Malavazi e o músico Paulo Garfunkel.

Muito gentil, o coronel nos guiou pelo quartel inteiro, explicando com detalhes o funcionamento das diversas unidades. Em seguida nos apresentou ao general Jorge Boabaid e nos mostrou no mapa a localização geográfica dos sete pelotões que guarnecem as nossas fronteiras com a Colômbia e a Venezuela.

Ficamos impressionados com a descrição do trabalho dos militares naquela região tão extensa. Na despedida, o general disse:

— Muitos brasileiros acham que estamos onde o Brasil acaba, mas para nós é onde ele começa. Os senhores tinham ideia do nosso trabalho?

— Não. O Exército precisa divulgar mais — eu disse.

— Por que o senhor não divulga?

Na semana seguinte, já em São Paulo, encontrei por acaso, num bar, o escritor Reinaldo Moraes e o jornalista Matthew Shirts, na época editor-chefe da *National Geographic* brasileira. Falávamos da viagem, quando me veio a ideia de propor uma matéria sobre a Cabeça do Cachorro para a revista. Matthew sugeriu que convidássemos o fotógrafo Araquém Alcântara para ilustrá-la. Araquém já tinha feito várias viagens para o Alto Rio Negro, a convite do ISA.

O tenente-coronel Vianna Peres cuidou de consultar as autoridades militares, e não deve ter sido fácil, porque a autorização final veio assinada pelo general Francisco Albuquerque, comandante do Exército Brasileiro na época.

Numa reunião no quartel-general da Amazônia, em Manaus, a equipe recebeu todas as instruções, que deveriam ser respeitadas com rigor militar. Iam da obediência a ordens, com a proibição de bebidas alcoólicas em terras indígenas e a exigência de pontualidade no embarque e desembarque das aeronaves que nos transportariam.

No dia seguinte, nós e os militares encarregados da expedição — que eles chamavam de "missão" — decolamos do aeroporto de São Gabriel a bordo de um helicóptero Black Hawk. Nosso destino eram as pistas de pouso dos sete pelotões encarregados de guarnecer os 3,8 mil quilômetros de fronteiras que nos separam da Colômbia e da Venezuela: Pari-Cachoeira, Iauaretê, Querari, Tunuí-Cachoeira, São Joaquim, Maturacá e Cucuí.

Pela primeira vez eu voava de São Gabriel em direção à Colômbia sobre a calha do rio Negro, contra o sentido da correnteza, e tive a certeza de estar diante das paisagens mais espetaculares do Brasil. As outras vezes só serviriam para confirmar essa impressão.

Em poucos minutos de voo sobre o leito do rio Negro, surgiu um afluente caudaloso de águas tão escuras quanto as dele: o Uaupés (os colombianos o chamam de Vaupés), que deságua no Negro depois de percorrer 1375 quilômetros. É o segundo maior tributário do Negro; em volume de água perde apenas para o rio Branco, que entra no Brasil por Roraima, para desaguar no Médio Rio Negro. O Branco, o único rio de águas claras na bacia do Negro, é tão caudaloso que as águas dos dois rios correm paralelas por alguns quilômetros antes de se juntar.

O encontro do Negro com o Uaupés, os dois gigantes de águas escuras, não acontece em linha reta, é precedido por um ritual de sinuosidades em que seus leitos se estreitam e se alargam como tentáculos retorcidos para retardar a confluência inevitável. Quando ela finalmente ocorre, as águas se avolumam, invadem as margens, criam ilhas na correnteza, ensaiam voltar à calha, mas transbordam para os lados, até enfim ser contidas por garras invisíveis que as empurram na direção das cachoeiras de São Gabriel.

Se abandonarmos o leito do rio Negro e seguirmos pelo Uaupés, iremos na direção da Colômbia. As matas são cortadas por uma infinidade de rios com trechos estreitos e trechos largos e por igarapés esparsos que refletem o sol, como enormes bandejas de prata esquecidas no chão da floresta. Ao fundo, a serra do Uaupés, paredão de rocha vulcânica descomunal.

Numa curva, o Uaupés recebe as águas do rio Tiquié, área em que predominam os Tuyuka, exímios construtores de canoas e que cozinham o melhor caldo de peixe que já provei. Na confluência dos dois rios, no meio do nada, aparece um ponto branco do tamanho da cabeça de um alfinete, que aos poucos vai se revelando uma igreja com duas torres e uma construção imponente de três andares, com dezenas de janelas enfileiradas, construída à direita da igreja: o colégio dos padres salesianos. Ao lado dele, o povoado e uma pista de areia branca com os rastros da última aeronave. É Taracuá.

O colégio, hoje decadente, foi fundado pelos padres salesianos em 1923. Parece incrível que há cem anos seres humanos tenham conseguido levantar um edifício de tal porte naquela solidão. Que epopeia, mais de um século atrás, arregimentar operários especializados e transportar, por centenas de quilômetros, os materiais necessários para as construções. Uma obra dessa dimensão certamente exigiu a participação de indígenas escravizados.

Taracuá é um dos vértices do triângulo Tukano, a etnia predominante na região. Os outros dois são Pari-Cachoeira, na mandíbula do Cachorro, às margens do rio Tiquié, e Iauaretê, no fundo da boca do Cachorro, no ponto em que o rio Papuri deságua no Uaupés.

Iauaretê é uma povoação indígena atualmente com cerca de 3 mil habitantes, a maioria da etnia Tukano, que divide a cidade com os povos Tariana, Arapaso, Tuyuka, Pira-tapuya e outros. As ruas e as casas são semelhantes às das periferias pobres das cidades amazônicas. Em contraste com essa paisagem, o grandioso e antigo colégio salesiano e um sobrado bem construído com auxílio financeiro do exterior, sede da Associação das Mulheres Indígenas do Distrito de Iauaretê (Amidi), fundada com o objetivo de comercializar o artesanato fabricado por elas.

Numa roda de mulheres na Amidi, ouvi de uma das senhoras mais velhas:

— Vocês, brancos, têm tanta roupa que quando enjoam de vestir jogam fora. Por que não mandam pra gente?

Os limites da boca do Cachorro são traçados pelo leito do Uaupés, que separa o Brasil da Colômbia.

No ponto correspondente ao início da arcada superior, local em que o Uaupés entra no Brasil, está Querari, junto à foz do rio de mesmo nome, terra dos Kubeo. De todas as comunidades situadas ao redor dos pelotões de fronteira do Exército, Querari talvez seja a que enfrenta maiores dificuldades materiais.

Às margens do Uaupés e de seus afluentes, existem hoje cerca de duzentos povoados, onde vivem aproximadamente 11 mil pessoas.

Se seguirmos as águas do Negro desde São Gabriel, contra a correnteza, mas em direção à Venezuela e pouco acima do local em que ele recebe o Uaupés, veremos um rio em forma de cobra encaracolada que também desemboca no Negro: é o Içana. Em suas margens vivem indígenas das etnias Koripako e Baniwa, povos com línguas e costumes semelhantes.

De águas mais claras em sua nascente, o Içana muda para um tom castanho-avermelhado alguns quilômetros abaixo. Só quando recebe as águas escuras do Cuiari, do Aiari e do Cubaté é que ele adquire a cor escura característica dos rios da região.

Em seu caminho sinuoso até o focinho do Cachorro, há dois pelotões de fronteira: Tunuí-Cachoeira, aos pés da serra do Tunuí, e São Joaquim, na linha fronteiriça que o Içana desenha nos limites com a Colômbia.

O Içana é o rio com o curso mais acidentado da região, com dezenove cachoeiras que tornam a navegação especialmente penosa. Para vencê-las, os navegantes são obrigados a descer das canoas e carregá-las nas costas até o ponto em que as águas voltam a se acalmar.

Na nuca do Cachorro, ponto em que o rio Negro entra no Brasil, está Cucuí, terra dos Baré, onde foi instalado o primeiro pelotão de fronteira. A paisagem é dominada pela Pedra de Cucuí, formação majestosa visível nos quatro cantos do povoado.

Quase nas costas do Cachorro está Maturacá, Terra Yanomami cercada de montanhas por todos os lados: serra do Padre, serra Mirim, serra Pirapucu e a serra da Neblina, que contém o Yaripo (pico da Neblina), o ponto culminante do Brasil, a 2995,30 metros de altitude.

É de perder o fôlego o caminho para Maturacá, ladeado por cadeias de montanhas com picos serrilhados que arranham o céu e por uma sucessão de paredões grandiosos de cor ocre que o pôr do sol reveste de ouro puro. E ainda há o morro dos Seis Lagos, um espetáculo de formas e de águas coloridas. Um desses lagos desenha um coração preto retinto; outro, um círculo verde-esmeralda; e os demais exibem tonalidades que variam do negro-avermelhado ao azulado. Todos agarrados à montanha verde, para não correrem o risco de escorrer encosta abaixo. Nem o artista mais criativo imaginaria tanta beleza reunida numa única paisagem.

Os militares

Em 1761, os portugueses construíram os fortes de São Gabriel e de Marabitanas, para conter as invasões espanholas que desciam o rio Negro. O de Marabitanas, atual Cucuí, mais a montante, junto à fronteira com Colômbia e Venezuela.

Em 1784, Manuel Lobo d'Almada foi nomeado para assumir o Comando-Geral do Alto Rio Negro. É dele a frase: "Todo sangue que corre a serviço da pátria é nobre".

Na segunda metade do século XX, preocupadas com a relevância da área e com a ocupação da Amazônia, as Forças Armadas brasileiras criaram o Comando de Fronteira Rio Negro e o 5º Batalhão de Infantaria de Selva, unidades de combate destinadas a operações na selva, com sede em São Gabriel da Cachoeira.

Fazem parte desse batalhão sete pelotões especiais de fronteira: Cucuí (fundado em 1940), Iauaretê (1988), Querari (1988), São Joaquim (1988), Maturacá (1994), Pari-Cachoeira (1999) e Tunuí-Cachoeira (2003).

"Vida, combate e trabalho": com esse lema afixado nos quartéis, os pelotões ocuparam o espaço de influência perdido pelos internatos salesianos. São cerca de mil soldados distribuídos entre a sede em São Gabriel e as unidades construídas à beira dos principais rios fronteiriços, sempre ao lado de uma pista de pouso.

Na entrada dos quartéis, uma placa dá ideia do esforço para edificá-los naquelas paragens: "Da primeira tábua ao último prego, este Pelotão foi transportado nas asas da FAB".

Há quem questione o custo dos quartéis construídos desse modo, alegando que os gastos teriam sido menores se tivessem sido empregados materiais conhecidos e já utilizados pelas populações locais.

Se a Cabeça do Cachorro é uma das regiões mais distantes dos centros urbanos da Amazônia, o Pelotão de Fronteira de São Joaquim é o mais inacessível, localizado no extremo noroeste do Brasil, no ponto onde o mapa forma um ângulo de noventa graus. É ele o responsável pela guarda da fronteira com a Colômbia. Chegar lá a partir de São Gabriel somente é possível com os aviões do Exército e da Aeronáutica, depois de uma hora de voo ou subindo de barco pelo traçado sinuoso do Içana e suas corredeiras, em viagens que podem durar uma semana ou quinze dias, dependendo da potência do motor e do nível das águas.

Cada pelotão é chefiado por um jovem tenente que exerce o cargo de comandante militar. Em 2008, o comando estava sob a responsabilidade do tenente Paulo Roberto Ribeiro, um pernambucano de 25 anos. Formado no Colégio Militar do Recife, Ribeiro passou quatro anos na Academia Militar das Agulhas Negras, em Resende, estado do Rio de Janeiro. Diplomado, alistou-se como voluntário para a missão de paz no Haiti comandada pelo Brasil. Depois de seis meses naquele país, ao retornar para o Brasil recebeu a notícia de sua transferência para a guarnição de São Gabriel da Cachoeira:

— Já na aeronave, olhando para baixo e vendo todo aquele

tapete verde, deu um frio na barriga. De repente, apareceu uma pista de pouso no meio do nada e eu pensei: "Meu Deus, o que eu fui fazer? Deixei o conforto da minha casa...". Então a aeronave tocou o solo e eu fui recebido por um colega com quem havia estudado em 2002. Felizmente, o mundo do Exército é pequeno; há muito companheirismo. Consegui me adaptar rápido.

Depois de um ano na Brigada de São Gabriel, Ribeiro recebeu a missão de comandar sessenta homens no pelotão de fronteira mais distante de todos. Recém-formado, com passagem por um país em guerra civil, ele era um militar preparado para combater — como todos que saem da Academia Militar. Em São Joaquim, no entanto, em vez de armas, precisou de outros instrumentos:

— Você tem que resolver problemas burocráticos, pessoais, administrar a relação entre os militares e a comunidade indígena, o que nem sempre é fácil. Um erro que eu cometa pode comprometer anos de convivência amigável.

Para evitar desentendimentos, ele adota um formalismo rígido:

— Quando eles têm alguma solicitação, o capitão da comunidade vem até o pelotão e fala apenas comigo. Eu faço o mesmo: quando quero falar com eles, só me dirijo ao capitão.

Uma de suas tarefas como comandante é administrar a geração de energia. Cada pelotão dispõe de uma microusina hidrelétrica capaz de operar sem depender do gerador a diesel. Quando as águas estão altas, o excedente de energia é repassado para o centro comunitário, mas não chega até as casas dos indígenas, por falta de potência.

O racionamento é uma fonte constante de desentendimentos, conta o tenente:

— Quando percebem que a usina foi ligada, o capitão vem bater na minha porta, para reivindicar luz para todos. Se por algum motivo não consigo atendê-los, é um mal-estar generalizado.

O mesmo ocorre com o atendimento médico e com os gêneros alimentícios. A cada solicitação de alimentos feita pelos indígenas, Ribeiro consulta o sargento responsável pela cozinha, para saber se o auxílio à comunidade não deixará o pelotão à míngua. Também o transporte é disputado. Ao chegar o avião da FAB com os carregamentos, forma-se uma fila de indígenas Koripako à porta do alojamento do tenente, à espera de uma carona até São Gabriel, na maioria das vezes para tratar de problemas de saúde ou para resolver assuntos particulares:

— Como o número de pessoas que precisam viajar é maior do que a capacidade do avião, cabe a mim decidir quem vai e quem fica. É difícil.

De responsabilidade de ministérios e secretarias locais, esses serviços prestados pelas Forças Armadas não contam com dotação orçamentária suplementar.

Em 2016, na segunda vez que estive em São Joaquim, o médico do Exército, um rapaz recém-formado no Rio Grande do Sul, pediu para eu ver uma paciente com suspeita de apendicite.

Era uma menina Koripako de doze anos, deitada numa maca de exame, com o pai e a mãe à cabeceira e um tio ao lado, responsável pela tradução para o português.

A menina tinha dores abdominais difusas que não melhoraram com os benzimentos do pajé nem com os chás receitados por uma senhora mais velha da comunidade.

O rosto da criança parecia uma pintura, o olhar era terno, ingênuo, envergonhado. Respondia com voz tranquila as perguntas que o tio traduzia, a única manifestação de desconforto foi uma pequena contração do cenho quando palpei o abdômen.

Não achei sinais de apendicite. Como havia eliminado vermes naquela semana, pensei que podia ser uma suboclusão intestinal causada por eles. Quando saíram, combinei com o médico que a primeira providência seria administrar um vermífugo. No hospital em que ele fizera o internato, em Porto Alegre, não tinha visto um caso desses, tão frequente quando eu era interno no Hospital das Clínicas de São Paulo.

Na manhã seguinte, o médico me procurou para dizer que a menina ficara bem depois de eliminar um novelo de *Ascaris*. Perguntou se um dia ele teria a segurança que viu em mim quando afastei a possibilidade de apendicite em poucos minutos, e se podíamos conversar a sós no consultório.

Disse que estava muito sozinho naquele lugar, longe da família e dos amigos, sem encontrar ambiente entre os soldados para confidenciar o que chamou de fraqueza, nem tinha um colega com quem discutir os casos e as incertezas. Começou a chorar.

Quando se recompôs, pediu desculpas e um favor:

— Só existe um jeito de sair desta tristeza: fui falar com o cacique para me deixar morar na comunidade, numa casinha que está vazia. É muito perto, cinco minutos a pé do quartel. O cacique concordou, mas o tenente está em dúvida por causa do regulamento. Ficando mais perto da vida simples que eles levam, acho que melhoro desta depressão. O senhor falaria com o tenente?

Falei com o tenente Ribeiro antes de irmos embora. Ele disse que iria autorizar a mudança.

Os quartéis são de um despojamento espartano. As dificuldades de abastecimento, os atrasos dos voos causados por adversidades climáticas e avarias técnicas e o orçamento minguado tornam o dia a dia dos que vivem em pleno isolamento um ato de resistência permanente.

Anteriormente formados por militares oriundos de outras partes, hoje os pelotões recrutam soldados das comunidades indígenas dos arredores. Segundo o general Francisco Albuquerque, ex-comandante do Exército Brasileiro, essa orientação foi ditada por razões técnicas:

— O militar do Sul pode ser mais preparado intelectualmente, mas nas missões na selva ninguém se compara ao soldado indígena.

Apesar de seu reconhecido valor, na hierarquia militar o soldado indígena dificilmente alcançará patentes mais altas. Eles podem permanecer no Exército no máximo por oito anos, depois disso são dispensados.

Para os adolescentes das imediações, alistar-se é a alternativa profissional mais almejada; na comunidade, os soldados são respeitados e moram nas melhores casas. Considerados baixos nas cidades, seus salários têm grande valor na Cabeça do Cachorro.

Os soldados apresentam os traços fisionômicos característicos das etnias do Alto Rio Negro, entre elas: Desana, Tukano, Tariana, Yanomami, Baniwa, Koripako, Kubeo, Werekena, Hupda, Yuhupde, Dow, Pira-tapuya. Vê-los com os rostos queimados de sol, fardados, cantando o hino nacional a plenos pulmões naquele isolamento, evoca sentimentos de brasilidade em qualquer um de nós.

Rafael Lourenço, indígena da etnia Koripako, tinha 38 anos quando o conheci, era pai de dois meninos e estava prestes a completar vinte anos de Exército. Apesar de ser o militar indígena com carreira mais longeva do pelotão de São Joaquim, o posto máximo que conseguiu atingir foi o de cabo. No comando de uma voadeira pelo cipoal de igarapés formados às margens do rio Içana, sua ascendência sobre os colegas era absoluta. Ninguém ousava discordar dele a respeito do melhor caminho e das dificuldades que seriam encontradas em cada trecho da viagem.

O desejo de ir para o Exército surgira aos dezesseis anos, quando trabalhava com o pai no garimpo da Serra dos Porcos, uma das áreas mais ermas da fronteira com a Colômbia. Com a morte do pai, acometido por uma febre estranha, Rafael se encarregou de sustentar a mãe e os cinco irmãos mais novos trabalhando como comerciante. Enfrentava as corredeiras do rio para comprar mercadorias em São Gabriel e revendê-las aos garimpeiros. Um dia, tropas do Exército realizaram uma operação de desmanche de um garimpo. Ao ver a ação dos militares armados, destruindo tudo, Rafael decidiu:

— Quando eu fizer dezoito anos, vou ser como eles, também vou andar fardado.

As provisões e o apoio logístico para as unidades construídas à beira dos principais rios fronteiriços dependem exclusivamente do quartel de São Gabriel.

Enquanto a defesa de nossas fronteiras é missão primordial do soldado, para os indígenas o conceito de linha divisória é abstrato. "Índio não tem fronteira" é o que eles dizem, e passam de um lado para o outro sem ser importunados pelos militares brasileiros, colombianos ou venezuelanos.

Os pelotões foram instalados em comunidades que já existiam em áreas centrais de cada sub-região, alguma delas mais distantes das linhas fronteiriças, como Pari-Cachoeira e Tunuí. Como aconteceu com os salesianos, os pelotões atraíram habitantes dos rios mais próximos. Em suas imediações circula o bem mais raro na Cabeça do Cachorro: salário. Os indígenas conseguem vender para os militares e suas famílias algum artesanato, trocar farinha de mandioca e frutas por gêneros de primeira necessidade, produtos de higiene, peças de vestuário e ferramentas.

De Pari-Cachoeira, na mandíbula do Cachorro, às margens do Tiquié, a Maturacá, na nuca do Cachorro, região do ponto culminante do país, o Yaripo, perguntei a todos com quem conversei qual era o maior sonho da vida deles. Sem exceção, responderam que era ver filhos e netos na escola.

Orgulho e preconceito

O coronel mandou chamar os quatro soldados indígenas que dividiam o alojamento.
— Vou falar uma vez só. No Exército servem brancos, negros, indígenas, filho de japonês, de chinês, de árabe, de judeu. Aqui não admitimos preconceito racial de jeito nenhum, muito menos racismo étnico.

Em posição de sentido, os quatro pareciam estátuas indígenas com uniforme militar. Ele continuou:
— Os dois soldados que os senhores estão discriminando vão continuar no mesmo alojamento. Se eu souber que eles foram maltratados, desrespeitados, faço um relatório para o general e os quatro serão expulsos do Exército. Não haverá segunda chance.

O incidente ocorreu numa das vezes em que visitei o quartel de São Gabriel e envolvia soldados do 5º Batalhão de Infantaria de Selva, comandado na época pelo tenente-coronel Vianna Peres.

Os militares enquadrados pelo tenente-coronel eram da etnia Tukano, denunciados por colegas de farda revoltados por eles terem impedido que dois companheiros da etnia Hupda se deitassem nas camas. Obrigando-os a dormir no chão, pretendiam que os dois pedissem transferência para outro alojamento.

Os Tukano fazem parte dos "povos do rio", como os Tariana, os Baniwa, os Baré e outros. Constroem suas casas e formam aldeias e povoados à beira dos rios e dos igarapés maiores. São bons agricultores e pescadores. Plantam mandioca no sistema de rotação, que consiste em explorar três roças ao mesmo tempo: na primeira, a mandioca é plantada no local em que a mata acabou de ser derrubada e queimada; na segunda roça, estão as plantas com um ou dois anos de idade; na terceira, aquelas com até três anos.

A mandioca ocupa cerca de 90% das plantações dos Tukano, um tubérculo essencial para eles, por fornecer de 85% a 95% das necessidades calóricas diárias.

Do mesmo modo que os Yuhupde, os Hupda são conhecidos como "povos da floresta". Suas aldeias situam-se em clareiras na mata, a duas ou três horas de caminhada dos rios navegáveis. Os Hupda constroem as casas junto a algum igarapé ou curso de água escondido na floresta, estratégia que lhes permitiu preservar os costumes e sobreviver aos sucessivos massacres que se abateram sobre os habitantes do Alto Rio Negro. Suas lavouras são menores e menos produtivas. Embora a mandioca seja um componente importante, a base da dieta são os peixes, as carnes de caça e as frutas coletadas nas matas.

Tradicionalmente, viviam em agrupamentos de cinco ou seis famílias, limitação imposta principalmente pela pouca disponibilidade de áreas com caça. Se ela rareia, força os homens a irem mais longe para encontrá-la.

Durante os anos 1970, no entanto, os missionários salesianos decidiram agrupar os Hupda em aldeamentos com duzentas pessoas ou mais, para facilitar a escolaridade e o atendimento médico, como ocorreu nos igarapés Taracuá, Cucura, Castanheira e em outros locais. A consequência, porém, foi uma fome epidêmica: com o aumento populacional, o caçador que alimentava a família caminhando quatro ou cinco quilômetros por dia precisou percorrer o dobro dessa distância, ou mais. Além desse inconveniente, eles costumam resolver desavenças internas, problemas matrimoniais e conflitos entre as famílias mudando-se para outras áreas, estratégia que se tornou inadequada nos povoados mais populosos. A qualidade da convivência piorou.

Além desses desencontros, o esgotamento das palmeiras-caraná, cuja palha é ideal para a cobertura das casas, criou a necessidade de cobri-las com folhas de zinco, material caro e inadequado numa região de sol inclemente.

Diante dessas políticas que os brancos adotam tantas vezes por conta própria, na esperança de solucionar problemas dos indígenas sem ouvi-los, lembro sempre da minha avó: "Filho, foi de boas intenções que o inferno ficou superlotado".

Na bacia do rio Uaupés, os povos da floresta costumam trabalhar e caçar para os povos do rio, especialmente para os Tukano, em troca de farinha, cestos de palha e produtos industrializados. Nessas ocasiões os Hupda podem permanecer semanas ou meses na aldeia do patrão, numa relação hierárquica em que ocupam posições subalternas, como acontece com os trabalhadores de modo geral.

Euclides, da etnia Hupda, que media 1,45 metro e se assustou com a minha altura quando o conheci em Santa Isabel, trabalhou para os Tukano, mas por razões pessoais:

— Eu tinha dezoito anos, queria casar, mas lá pros meus lados estava muito difícil.

Ele passou quase um ano numa comunidade Tukano do rio Uaupés. Trabalhava de sol a sol na roça de mandioca e na construção de casas. À noite, em vez de ir para a rede, tinha que pescar e caçar.

— Tudo que eu abatia entregava pra eles. Dinheiro que é bom, nunca recebia.

— Por que você não ia embora?

— Eles me pagavam com farinha, faca, ferramenta, tecido pra fazer vestido e enfeites, que toda mulher gosta.

Quando considerou ter amealhado o suficiente, retornou à sua aldeia, casou e teve quatro filhos:

— Com a moça mais bonita de todas.

Yaripo, o pico da Neblina

Ao voltar ao acampamento, fui direto para a minha barraca, eu precisava deitar antes de cair de exaustão. Mal entrei, vieram os calafrios, meus dentes batiam como num ataque de malária. Já corri mais de vinte maratonas, mas jamais cruzei uma linha de chegada em estado tão deplorável quanto aquele, depois de escalar a montanha que os Yanomami chamam de Yaripo — a morada dos ventos — há cerca de um milênio. É um lugar sagrado para eles, parte de uma cadeia de montanhas que emergiram das profundezas da Terra muito antes da separação dos continentes.

O nome pico da Neblina foi dado pelos europeus só na metade do século XIX, quando o médico e naturalista inglês Richard Spruce avistou a serra da Neblina a partir da Pedra do Cucuí, nos limites da bacia do rio Negro, região da tríplice fronteira Brasil-Colômbia-Venezuela. A comunidade científica só ouviria falar dessas montanhas em 1908, quando o célebre naturalista Alfred Wallace (sempre ele) publicou os diários de viagem das expedições de Spruce à Amazônia e aos Andes.

De acordo com o IBGE, na medição de 2015, a mais confiável, o pico mede 2995,3 metros. É o ponto culminante do Brasil.

Numa das viagens a São Gabriel da Cachoeira, o tenente-coronel Vianna Peres me convidou para acompanhar uma missão que escalaria o pico, exercício militar realizado quando um general que serve na Amazônia se despede da região. A subida seguinte estava programada para março de 2006, alguns meses depois.

Agradeci, mas expliquei que nunca havia escalado nada além da escadaria do meu prédio, exercício que aprendera com um de meus pacientes. Não tinha treinamento nem expertise para o alpinismo.

O coronel insistiu, sabia que eu era corredor, que outros menos preparados haviam conseguido e que eu subiria com facilidade. Estendeu o convite para o botânico Mateus, para Wilson Malavazi e para o diretor da Unip, José Augusto Nasr, que ele conhecera na visita ao quartel da cidade por ocasião da gravação do filme *Histórias do rio Negro*.

Diante da minha resistência, ele apelou para o argumento definitivo:

— Pense bem. Na sua idade, o senhor terá outra oportunidade?

Eu tinha 63 anos.

Em Manaus, nos hospedamos nos alojamentos da Vila Militar. Nas reuniões preparatórias, recebemos as orientações para a expedição. Iríamos para São Gabriel no dia seguinte, onde passaríamos a noite, e no outro dia decolaríamos bem cedo em direção a Maturacá, na Terra Indígena Yanomami.

Para ter acesso por terra ao pico, há que percorrer cerca de 25 quilômetros pela mata. O trajeto começa no igarapé Yá-Mirim, a cerca de dois quilômetros de São Gabriel. De lá, é preciso seguir de barco pelo rio Cauaburis até chegar à foz do igarapé Irokai, local onde se inicia a trilha que levará à base do pico.

São de cinco a sete dias de caminhada pela floresta. No percurso é preciso atravessar igarapés, brejos, pular raízes salientes e troncos caídos, apanhar chuva e atravessar cortinas de neblina densa. O ataque ao cume só acontece no sexto ou sétimo dia. No final de tudo, contabilizadas a ida e a volta, a viagem dura pelo menos dez dias.

Nós teríamos a vantagem de partir de São Gabriel no helicóptero Black Hawk, do Exército, que nos levaria diretamente à base do pico, sem perdermos tantos dias caminhando pela floresta.

Saímos de São Gabriel pela manhã, com destino ao quartel do 5º Pelotão de Fronteira, instalado em Maturacá, com direito à visão de uma cadeia de montanhas a perder de vista e a sobrevoar outra vez o morro dos Seis Lagos e rever seus formatos geométricos, arredondados, elípticos, em forma de coração, cada lago com águas de uma cor: azul, verde, marrom, preta. Voltei a sentir o mesmo encantamento que havia experimentado na viagem anterior. Das que conheço, é a vista mais encantadora na Floresta Amazônica.

Como éramos um grupo grande, formado por soldados e oficiais, um policial federal, o fiscal do Ibama e nós quatro, foram necessárias três viagens de helicóptero, porque a capacidade máxima do Black Hawk é de doze tripulantes.

No quartel, recebemos as últimas instruções, a mais importante das quais era respeitar com rigor os horários de pouso e partida da aeronave, obrigada a levantar voo nos horários marcados, sem possibilidade de atrasos, ainda que fosse preciso abandonar algum retardatário.

Caminhamos em fila até um galpão, onde nos entregaram casacos de lã, providência que me pareceu sem sentido naquele calor. Recusar o agasalho foi o meu primeiro ataque de burrice naquela empreitada.

Quando o helicóptero chegou à base do pico, a porta foi aberta e ouvimos a ordem: "Saltem e corram para o lado!". A pouco mais de um metro do solo, pulamos e fugimos das hélices. Tive a sorte de me manter em pé, enquanto outros rolaram no chão. Sem resvalar nas pedras, o helicóptero levantou voo para buscar os demais.

Cada um recebeu uma barraca individual do tipo iglu. Distraído com as conversas, cometi o segundo erro: quando fui montá-la, o único espaço ainda disponível era uma pequena área de pedras brancas do tamanho de um abacate. Era uma área abandonada pelo garimpo na década de 1980, quando passou a fazer parte de um parque nacional.

Nascido e criado em São Paulo, montar barraca não fazia parte das minhas habilidades. Por mais que eu caprichasse, o iglu não parava em pé de jeito nenhum. Um sargento que montara sua barraca ao lado da minha, penalizado com minha incompetência, perguntou se podia me ajudar, forma delicada de dizer "Sai daí, seu inútil, deixa que eu monto".

Com o acampamento organizado, fomos para uma área central à beira de um córrego de água gelada, de frente para a montanha, invisível atrás da neblina. Às cinco da tarde, no entanto, como se o sopro silencioso de um gigante afastasse as nuvens, o pico emergiu majestoso, iluminado pelo sol poente. Nunca sonhei ver uma imagem como aquela: o reflexo dos raios solares alaranjados transformou o pico numa montanha de ouro puro, igual à dos contos de fada. A visão foi tão inesperada que o piloto da aeronave se emocionou:

— Deus do céu! Já sobrevoei esta área mais de vinte vezes e foi só frustração, nunca vi o pico, ele sempre estava encoberto.

Contou que, somando as viagens dele com a de seus colegas, eram mais de cem sobrevoos na área, sem que ninguém tivesse conseguido sequer vislumbrar a montanha. No final, concluiu:

— Não foi à toa que deram o nome de pico da Neblina.

Ao cair da noite, nós nos reunimos numa barraca central,

grande, espécie de quartel-general improvisado. Num ambiente de camaradagem, recebemos as rações, que continham barras de cereais, chocolate, biscoitos e um pacote de macarrão instantâneo que, jogado na água quente, virou uma pasta disforme de gosto pior do que a aparência. Desacostumado de comer doces havia muitos anos, fui salvo por um pacote com meia dúzia de biscoitos de água e sal.

Quando nos recolhemos ao conforto dos iglus, além da fome havia dois inimigos à espreita: um frio siberiano e o chão de pedras sobre o qual a base da barraca repousava. Naquele leito de faquir, trêmulo de frio, cristão nenhum seria capaz de pegar no sono. Depois de duas horas de sofrimento, me levantei. Não havia lugar no mundo pior do que aquele.

No limite do acampamento, vi uma fogueira, junto à qual estava o sentinela do turno, um soldado da etnia Arapaso. Passei o resto da noite conversando com ele, sentado num banquinho sem encosto, no aconchego do fogo.

A agitação para a partida começou bem cedo, ainda no escuro. Pensei em tomar um banho no córrego, mas mudei de ideia quando vi uma membrana de gelo na superfície das margens. Bebi café preto e comi com pressa um pãozinho amolecido. Todos ultimavam os preparativos, como se os inimigos estivessem para nos atacar. Wilson comentou em voz baixa:

— Vamos rápido, que esse povo do Exército não dá moleza.

A trilha subia pela floresta feito cobra. Era estreita, mal deixava passar uma pessoa. Liderados por dois soldados Yanomami, seguimos em fila indiana, obrigados a pular as raízes que atravessavam o caminho; algumas eram baixas, outras ficavam a um metro do chão. Eu não tinha lanterna. Na escuridão, todo cuidado era pouco para não tropeçar nas raízes mais rentes ao chão, para passar com segurança por cima das mais altas e, sobretudo, para manter o equilíbrio ao subir e descer os barrancos. Tudo isso no meio do barro, da umidade e dos pingos de água gelada que gotejavam das árvores. Numa das descidas escorreguei e caí sentado — tombo leve, que não doeu, mas encheu de barro gelado a minha calça. Na minha frente caminhava um coronel da reserva com uma bota dos seus tempos de academia militar. Nos primeiros metros da caminhada a sola do pé direito despregou, imprevisto que não foi suficiente para abalar a determinação do coronel.

Com 110 quilos e dois metros de altura, nosso amigo Nasr teve o bom senso de desistir:

— Isto aqui não é pra mim. Espero vocês no acampamento.

Duas horas depois, um capitão da reserva sentaria junto à encosta:

— Vou esperar aqui, na descida vocês me pegam.

Andávamos uma hora em passo acelerado, depois descansávamos por dez minutos. Como nem todos conseguiam acompanhar o ritmo, formaram-se quatro ou cinco pelotões. Depois de duas horas que pareceram doze, saímos da floresta com as calças cobertas de musgos e quilos de barro. A trilha seguiu por um lamaçal estreito repleto de bromélias de flores coloridas que mal pude admirar, por causa dos pés que atolavam e dos espinhos que ralavam a pele ao menor resvalo.

Com os braços feridos, chegamos a uma área aberta de vegetação baixa. Nessa hora, o sargento solidário que montara meu iglu trocou o pé da sua bota com a do coronel. Com um barbante forte que trazia na mochila, o sargento conseguiu amarrar em volta do seu pé a sola despregada e seguiu em frente.

Sem raízes para atravancar o caminho, continuamos por uma escarpa com pedras soltas que nos desequilibravam o tempo todo. Cair naquele lugar significava rolar pelo precipício. Pela primeira vez me perguntei: "O que eu vim fazer aqui?".

Quando paramos para descansar, numa curva do caminho vi Mateus vindo no segundo pelotão, cem metros abaixo:

— Estou com muita dor no joelho. Não vai dar pra eu subir nem descer.

Um médico do Exército que vinha atrás dele disse que na caixa de primeiros socorros havia um anti-inflamatório injetável. Quando Mateus começou a abaixar um lado da calça para expor o glúteo, o médico estranhou:

— Aqui no Exército não se dá injeção na bunda.

Não adiantou o botânico argumentar, explicar que no braço ia doer muito. Meu colega de profissão permaneceu irredutível:

— Na bunda não tenho condição de fazer.

Quando eu já começava a descer até ele, vi o próprio Mateus aplicando o anti-inflamatório na coxa.

Eu estava tão despreparado para aquela missão que não levara sequer um cantil. Hesitei, mas bebi a água que escorria morro abaixo; poluída não podia estar, mas o gosto era amargo como fel. Nessa hora, condoído pelo meu estado, Wilson me deu a camisa que usava sob o blusão.

Por duas vezes, tivemos que escalar cerca de cinco metros utilizando cordas penduradas nas rochas que impediam a nossa passagem. Até hoje não sei de onde tirei as forças que me faltavam nos braços.

Quando nos aproximamos do topo, chovia. Não havia mais trilha, a água descia pela encosta, formando pequenas cachoeiras que eu não tive tempo nem disposição física para admirar. O caminho seguia pelas rochas ásperas que escalávamos uma de cada vez, num esforço que machucava as mãos e as pernas. Nessa altura desanimei: "Não há o que justifique um homem passar por tanto sofrimento". Só não voltei porque ouvi os gritos de alegria dos quatro militares que estavam à minha frente. Faltava bem pouco. Era mais de meio-dia, leváramos cerca de sete horas para chegar.

A euforia da conquista espantou o cansaço, nós nos abraçamos e rimos à toa, os que iam chegando entravam na mesma euforia. Assinamos um livro protegido no interior de uma caixa de lata, em que constavam a data, os nomes e o local de origem de todos os que haviam conquistado o pico. Wilson, Mateus, eu, Vianna Peres e os oficiais e soldados que comandavam a expedição subimos no topo da pedra mais alta do Brasil para as fotografias. Naquele momento me senti soldado do Exército Brasileiro.

Guardo com carinho essa foto com os militares, o Wilson segurando uma faixa da Unip que ele trouxera. Em nossas mãos esticamos a bandeira do Brasil que viera para substituir a rasgada que tremulava no mastro. A neblina era tão forte que mal nos enxergávamos. A foto saiu enevoada, ninguém acreditaria que estávamos a 3 mil metros de altura.

Morro abaixo

Fazia quinze minutos que tínhamos chegado quando o general ordenou:
— Vamos descer. O helicóptero vai embora às cinco da tarde, em ponto.
Perguntei se seria possível descer em menos tempo do que tínhamos levado para subir. A resposta foi vaga:
— Para baixo todo santo ajuda.
Já no primeiro trecho percebi que não contaríamos com a ajuda divina. Descer agarrados às rochas era difícil e perigoso. Com as mãos esfoladas na ida, agarrar-se à pedra de cima, para soltar o peso do corpo na de baixo, exigia um esforço muscular semelhante ao da subida. Além disso, éramos forçados a dividir a passagem com os retardatários que vinham no sentido contrário.
Ao ver o estado dos que subiam, decidi seguir no pelotão da frente, formado pelo general, por Vianna Peres, um major, outro general e os dois soldados Yanomami — o de dezenove anos liderava a fila. Se quiséssemos chegar ao helicóptero a tempo de dormir numa cama do quartel de Maturacá, o único jeito era andar no limite das forças.

Quando chegamos à encosta, o caminho cheio de pedras soltas era bem mais perigoso do que na subida. Escorreguei e vi companheiros perderem o equilíbrio diversas vezes, impossível não ter medo de rolar morro abaixo. Com a boca e a garganta secas e sem coragem de pedir um gole de água do cantil de algum companheiro mais previdente, bebi de novo a água amarga que escorria do alto, ao lado de samambaias, bromélias, orquídeas com cachos de flores e plantas carnívoras ameaçadoras, que caracterizam a flora daquelas alturas.

De repente, a neblina que nos perseguia se abriu para que nos deslumbrássemos com o paredão ocre da montanha mais próxima e com o contorno das serras enfileiradas na direção da Venezuela. O impacto da vista foi tão comovente que irrompeu uma salva de palmas. Aplausos para um cenário eu só tinha visto acontecer no Teatro do Sesi, em São Paulo, num palco montado por Flávio Império.

A chuva tinha voltado quando cruzamos o bromeliário que arranhava os braços. Para não me machucar mais nem rasgar a camisa do Wilson, tentei não encostar nas laterais, mas o caminho era muito estreito.

Ao entrarmos na floresta, nos livramos dos espinhos e do risco de despencar morro abaixo. Lá o perigo vinha das raízes expostas e do lodaçal em que a chuva transformara a trilha. A cada passo os pés chafurdavam na lama, desatolá-los exigia um esforço muscular repetitivo que reduzia a velocidade da marcha.

Eu procurava andar com os pés nas laterais da trilha, minhas pernas ficavam um pouco tortas, mas pelo menos apoiadas em um terreno mais firme. Num escorregão que levei, meu pé direito foi parar bem na parte central do caminho, coberta de água. Atolei até a metade da coxa.

Tentei puxá-la. Não saía. Agarrado ao tronco da árvore mais próxima, empreguei todas as forças que ainda me restavam, e nada. Quanto mais eu puxava a perna, pior, mais ela afundava. Veio à lembrança um filme de terror a que eu tinha assistido quando criança, em que o personagem morria sufocado na areia movediça. Fiquei com medo de quebrar o pé ou a perna. Como sair daquele lugar espremido entre as árvores, inacessível a um resgate por helicóptero?

Depois de várias tentativas, os companheiros que vinham atrás pediram ajuda. O soldado Yanomami me atirou uma corda, que segurei enrolada na parte superior das coxas. Todos puxaram até me desatolar.

Segui com medo o resto da descida; ele só passou quando chegamos ao campo aberto. A chuva tinha parado e o sol voltado a brilhar. O acampamento surgiu logo abaixo e ouvi ao longe o som rouco do helicóptero.

Quando eu o vi a uns duzentos metros de nós, a certeza de que daria tempo de embarcar me encheu de alegria. Mas meu otimismo levou um balde de água fria quando o soldado Yanomami que nos liderava disse:

— Vai ser difícil chegar antes das cinco.

— Como assim? Estamos a duzentos metros do acampamento e ainda são quatro e meia.

— Em linha reta a gente levaria dez minutos. O problema é que não tem passagem, o caminho dá uma volta grande antes de chegar lá.

Apressamos o passo ao máximo, tarefa exaustiva no estado miserável em que eu me encontrava.

De fato, a volta era grande, quanto mais andávamos, mais distantes ficávamos da aeronave. Nos minutos finais, comecei a correr com as pernas que se opunham a fazê-lo.

Estávamos quase na reta final quando o piloto ligou os motores. Frustração é palavra amena para caracterizar o que senti ao ver o helicóptero levantar voo e passar por cima de nós com Nasr a bordo. Segundo o soldado que ia à frente:

— Perdemos por quinze minutos.

A noite caiu depressa. Chegamos andando pelo riozinho de água gelada que conduzia às barracas. Quando vimos o aspecto do acampamento... era uma devastação total, como se um tornado tivesse passado por lá. Com o vendaval provocado pelas hélices do Black Hawk, a maioria das barracas voara para o mato, espalhando roupas até nos galhos das árvores.

A minha, por sorte, continuava em pé. Consegui me deitar na cama de faquir antes que os calafrios começassem. Wilson e Mateus, que chegaram quase uma hora depois, já noite alta, tiveram menos sorte: dormiram espremidos na barraca que havia sobrado. Num ato heroico, Mateus tomou banho nas águas geladas do riozinho, façanha que nem me passou pela cabeça.

Apesar de não ter dormido na noite anterior e de ter passado o dia todo sem comer, eu não sentia fome nem sono, só um torpor no corpo exaurido, que me deixava sem disposição para o movimento mais insignificante. Não conseguia controlar a batedeira do queixo, e as dores nos músculos das pernas davam vontade de chorar.

Devo ter dormido uma ou duas horas, alheio às pedras do chão que me prensavam a coluna e as costelas. Acordei com o vulto de um soldado na entrada da barraca me oferecendo o casaco dele, igual ao que eu desprezara no quartel. Era o sargento que havia montado minha barraca e trocado de bota com o coronel. Soldado generoso, ele fazia um programa de rádio pela internet destinado aos companheiros de farda e gravara uma entrevista comigo enquanto subíamos.

Consegui me levantar, em busca dos biscoitos de água e sal que me salvaram na noite anterior. Soube então que nem todos os companheiros tinham chegado, um grupo ficara retido pela escuridão, entre eles o coronel que perdera o solado da bota e um major que havia fraturado o pé. Aguardavam o resgate numa gruta a duas horas do acampamento.

Os dois soldados Yanomami se apresentaram como voluntários para socorrê-los, levando alimentos, lanternas e uma maca de lona. Um deles era o que nos liderara no percurso. Eu seria tão capaz de andar por mais duas horas quanto de mergulhar do alto da ponte Rio-Niterói.

Em reconhecimento, o coronel me disse que ambos receberiam uma medalha e seriam promovidos a cabo.

Agasalhado, a noite foi melhor, só acordei com o barulho do helicóptero e as ordens do comandante:

— Quem vai para São Gabriel corre para a aeronave, vamos levantar voo imediatamente.

— Que mania a desses soldados correrem feito loucos... — eu disse em voz baixa para Mateus.

Juntei minhas coisas e obedeci, sem tomar o banho no riozinho que eu havia programado. Posso me lavar no aeroporto de São Gabriel, pensei.

Não pude, faltava água no aeroporto.

O voo atrasou. Chegamos imundos a Manaus, com risco de perder a conexão que nos levaria a São Paulo. Corremos direto para o portão de embarque. Tenho certeza de que eles adiaram a partida, impressionados pelo estado lastimável dos quatro. Meu tênis estava coberto de barro, da metade das coxas para baixo a calça parecia tecida na lama que salpicava a camisa manchada de sangue. Fomos os últimos a entrar no avião, com todos os passageiros olhando para nós. Senti vergonha. Precisei pedir um plástico para forrar a poltrona.

Quando cheguei em casa, Regina abriu a porta com um olhar que eu desconhecia:

— Nossa! O que aconteceu?

Projeto Yaripo

Entre os dez turistas que em 2022 escalaram o pico estavam a jornalista Sônia Bridi e o cinegrafista Paulo Zero, meus colegas no *Fantástico*. Apesar de ambos acumularem vasta experiência em dezenas de matérias semelhantes ao redor do mundo, eles ficaram fascinados pela viagem. À diferença da escalada que fiz, o grupo não contou com a vantagem de um helicóptero à disposição: turistas e os dois jornalistas partiram de Maturacá e levaram cinco dias para percorrer a mata, até atingir a base do pico e começarem a escalada.

A partir de 2015, os Yanomami de Maturacá iniciaram a construção do Plano de Visitação Yaripo, a primeira startup de turismo Yanomami. Junto com a Associação de Mulheres Yanomami, participaram 55 representantes das comunidades interessadas, com o objetivo de criar uma alternativa para resistir ao poder corruptor do garimpo e para assegurar a sobrevivência dos povos Yanomami.

De acordo com o ISA, moram em Maturacá cerca de 2 mil Yanomami. Em território brasileiro, vivem, no total, 20 mil Yanomami, distribuídos em 220 comunidades, assoladas pelo garimpo ilegal que as expõe a malária, verminoses, infecções sexualmente transmissíveis, desnutrição, estupros de meninas, intoxicação pelo mercúrio, alcoolismo e outras pragas disseminadas pelos brancos.

Entre 2016 e 2020, segundo levantamento da Hutukara Associação Yanomami, o garimpo ilegal na Terra Yanomami aumentou mais de 3300%. Apenas no ano de 2021 cresceu 46%, prática que desmatou mais de 3,2 mil hectares.

Durante anos, agências de turismo amazonenses e de outros estados organizaram excursões ao Yaripo sem nenhum controle oficial nem cobrança de responsabilidade em relação à floresta. Os lucros obtidos pelos empresários eram levados embora, sem nenhuma retribuição às populações locais. Diante desse descontrole, em 2003 as autoridades proibiram o turismo na região.

Aprovado em 2019, o projeto iria beneficiar cerca de 880 indígenas que vivem em áreas próximas à montanha. O início de sua implantação estava programado para 2020, mas por causa da pandemia foi adiado e só ocorreu em abril de 2022.

São levados dez turistas por vez. Acompanhados por guias indígenas, os visitantes passam antes pelo pajé de Maturacá, que lhes dá a bênção, uma vez que o Yaripo é considerado local de descanso de espíritos ancestrais, os hekurapës, espíritos auxiliares dos xamãs que podem interferir nos destinos da viagem dos forasteiros.

A caminhada pela mata conta com os serviços prestados pelos Yanomami, que lideram a marcha, orientam os visitantes, armam as barracas nos acampamentos distribuídos pelo caminho e servem as refeições preparadas pelas cozinheiras indígenas, de acordo com a dieta tradicional dos indígenas.

Mais do que um projeto de geração de renda, trata-se de uma oportunidade transformadora para os visitantes, que entram em contato com as histórias, a hospitalidade e a cultura dos Yanomami, e ainda com seus conhecimentos sobre a floresta. Marcos Wesley, diretor do ISA, ouviu de um turista ao voltar da escalada: "Fui conquistar o pico, e foram os Yanomami que me conquistaram". Indígenas de outras etnias do rio Negro desenvolvem projetos semelhantes, por entender que o ecoturismo é um caminho para trazer recursos capazes de melhorar as condições de vida de suas comunidades e contribuir para preservar e divulgar sua cultura.

Escalar o Yaripo pelas mãos dos Yanomami seria a única motivação que me levaria outra vez ao pico.

Os profetas

No século XIX, surgiram vários movimentos messiânicos no rio Negro e em outras regiões do Brasil. O mais conhecido foi liderado por Antônio Conselheiro, tragédia nordestina retratada por Euclides da Cunha em *Os sertões*. Movimentos desse tipo costumam ocorrer como forma de resistência em períodos de conflitos sociais e de agitação política.

No Alto Rio Negro, um deles foi protagonizado por Venâncio Anizeto Kamiko, indígena criado por don Arnao, líder religioso estabelecido na região de San Carlos, na Venezuela. Nascido nas primeiras décadas do século XIX, Kamiko arranjou um emprego na construção de barcos, mas fugiu ao contrair dívidas com o patrão. Parece que padecia de crises convulsivas, seguidas de um tipo de paralisia em que o corpo ficava rígido e imóvel, provavelmente agravadas pelo consumo excessivo de álcool.

O historiador Robin Wright relata que depois dessas crises Kamiko afirmava haver morrido, viajado aos céus e conversado com Deus, que lhe dera a ordem para que ninguém mais cortasse madeira, para que todos o presenteassem com galinhas e porcos e para que ele perdoasse seus seguidores das dívidas contraídas com terceiros, desde que lhe trouxessem presentes.

Wright explica que, segundo as tradições dos Baniwa,

os poderes de um pajé aumentam [caso] sobreviva a uma doença forte [...]. A experiência religiosa de Kamiko, porém, ultrapassou as expectativas normais porque ele não somente superou a morte, [mas] também foi ordenado com a responsabilidade de liquidar as dívidas do povo, absolver os seus pecados e protegê-lo do perigo.

Autointitulado "Christu" na década de 1850, ele pregou nas aldeias do rio Içana, de onde sua fama se espalhou pela região. Indígenas e caboclos vinham de longe para lhe trazer presentes, em troca de proteção transcendental.

No apogeu de seu movimento religioso, Kamiko decidiu anunciar que no dia de São João de 1858 o mundo ia acabar numa grande fogueira que pouparia apenas o rio Içana. Seus seguidores deveriam lhe entregar todas as suas posses e abandonar suas atividades econômicas, porque no Céu não iriam precisar de roças nem se preocupar com a penúria em que viviam.

Em 1857, o diretor de Índios do Içana enviou tropas para coibir as atividades de Kamiko e seus seguidores. Os soldados depredaram e saquearam várias aldeias com tamanha brutalidade que os moradores fugiram para esconderijos situados nas cabeceiras do Içana e no território venezuelano.

Nas onze aldeias habitadas por mais de seiscentos Baniwa em 1856, foram encontrados, um ano depois, pouco mais de vinte moradores.

O venezuelano Tavera Acosta, governador do território de Amazonas, conheceu o religioso pouco antes de sua morte, em 1902:

Venâncio Kamiko exerceu grande autoridade entre os índios. Pertencia ao grupo dos Baniwa e morreu no povoado de Mane [...]. Falava muito bem o castelhano. Também o português e sabia todos os idiomas das tribos daquelas regiões. Conhecia as propriedades curativas das plantas e fazia curas surpreendentes. Era um índio de pequena estatura, muito enrugado e já nonagenário, ainda que conservasse vivas suas faculdades mentais.

Aproximadamente em 1858, um de seus seguidores, Alexandre, proclamou ser ele o verdadeiro Cristo e exerceu grande influência sobre os Tukano e os Tariana das margens do Uaupés, Tiquié e Papuri.

Segundo Wright, ele pregava que "os tapuias se transformariam em brancos, e estes naqueles, por quem seriam governados com o mesmo poder e riqueza, em compensação do tempo porque tinham os brancos governado".

Na mesma época, apareceram outros profetas que conquistaram seguidores. Entre os Tukano, surgiram dois movimentos: um liderado por Vicente Christu, indígena Arapaso, outro por uma menina Desana chamada Maria.

Wright relata que Vicente Christu era considerado um curandeiro milagroso que protegia seu povo contra os patrões da borracha, promovia o crescimento das roças e aliviava o sofrimento e as dívidas das pessoas. Apesar das tendências à rebelião, o movimento liderado por ele não pretendia se apossar das riquezas do homem branco.

A característica comum a essas lideranças religiosas era misturar crenças indígenas com as do catolicismo popular. Por considerarem que tais movimentos abusavam da "credulidade de índios ignorantes" e representavam uma "afronta às autoridades públicas", os governantes procuraram reprimi-los, sempre através de ações militares.

Regatões

Sophie Müller, missionária norte-americana que pregou ao longo do rio Içana na metade do século xx, descreveu seu encontro com um comerciante conhecido como Vítor:

— Vítor, uma mulher de uma aldeia rio abaixo chegou aqui chorando. Disse que você levou a filha dela embora. Ela quer que você a devolva.
— O quê? Aquela velha a quer de volta? — ele fingia estar surpreso. — Para quê?
— Ela é a mãe. Isso já é motivo suficiente.
— A coitada estava em trapos. Eu lhe dei roupas e uma rede, e ela está pagando pelo que ganhou.
— Faz quase um ano! — protestei. — Quanto tempo vai levar para pagar essa dívida?
Sua expressão meiga e benevolente desapareceu, tornando-se dura e astuta.
— Quem sabe? Ela pode querer outras coisas e trabalhar mais para pagar as contas.

— Eu entendo — disse eu friamente.

Era esse o método que Vítor usava para explorá-los. Ele assediava os indígenas com mercadorias de cores fortes e bugigangas a fim de mantê-los trabalhando sempre que precisasse. Então eles não entendiam por que nunca saldavam as dívidas.

A partir de 1830, comerciantes começaram a subir o rio Negro em barcos conhecidos como regatões, carregados de mantimentos, ferramentas, roupas, calçados, enfeites, munição e outras mercadorias de interesse dos ribeirinhos. Em troca recebiam farinha de mandioca, piaçaba, peças de artesanato e braços para o trabalho extrativista.

Depois de 1870, com a expansão do comércio da borracha, o recrutamento de trabalhadores ganhou força. Arrebanhadas em suas comunidades, as famílias eram transportadas para áreas dos rios e igarapés controladas pelo patrão, muitas vezes situadas a dias e dias de viagem. Os mantimentos e os itens essenciais à sobrevivência só podiam ser adquiridos por intermédio do patrão; qualquer tentativa de comprá-los de terceiros era punida com violência.

O naturalista Alfred Wallace descreveu o caráter desses aventureiros:

> Muitos dos comerciantes desse rio são da pior espécie. Ameaçando matá-los, obrigam os indígenas a seguir viagem com eles. Costumam cumprir suas promessas, uma vez que se consideram fora do alcance daquela diminuta fração de lei que mesmo no rio Negro ainda luta para subsistir.

Por meio da venda sistemática de bebidas alcoólicas, do pagamento de salários irrisórios e de uma política de preços extorsivos, o patrão adquiria domínio sobre a vida do empregado, com o fim de forçá-lo a permanecer no local de trabalho por anos consecutivos, sem recursos para saldar as dívidas e retornar à comunidade de origem. Os que arriscavam fugir eram perseguidos pelos capatazes e castigados com violência, para servir de exemplo.

Os regatões vasculharam os quatro cantos da bacia do rio Negro, espalhando doenças contagiosas, abusos sexuais e traficando crianças para vendê-las em Manaus e Belém do Pará. A tragédia vivida pelos povos do rio Negro nas guerras contra o colonizador europeu repetia-se sob o jugo dos comerciantes brasileiros.

Em São Gabriel, conheci seu Alfredo Coimbra, aposentado que ganhara a vida num regatão dos anos 1970, muito diferente dos antigos, segundo ele.

Seu Alfredo devia andar pelos seus 65 anos. Contou que começara a trabalhar na mais tenra idade, carregando o balde em que a mãe coletava o látex das seringueiras, atividade com a qual sustentava os cinco filhos que tivera com um comerciante que não parava em casa:

— Ele viajava sem parar. Tinha duas famílias.

Ainda menino, Alfredo começou a colher látex nos seringais da Venezuela:

— Era a época dos soldados da borracha. Os venezuelanos deixavam a gente trabalhar do lado de lá da fronteira. Quase todos eram nordestinos feito meu pai. Minha mãe era Tukano.

O pai de Alfredo ganhou dinheiro nessa época:

— Cada um pegava um trecho de rio que eles davam pra explorar. Meu pai descia com o barco de Cucuí pra Santa Isabel do Rio Negro, pra pegar a borracha que os empregados tinham colhido no trecho de propriedade dele. Em São Gabriel, os Gonçalves eram os maiores comerciantes, tinham um barco grande, com o nome *Mearim*, que levava os passageiros daqui pra lá e trazia carga de vários comerciantes pequenos espalhados pelos igarapés.

Ao atingir a maioridade, Alfredo foi servir o Exército em Cucuí. Rigorosos na fiscalização, os militares proibiam a entrada de embarcações no povoado entre as cinco horas da tarde e as oito da manhã.

— Naquele tempo os oficiais impunham ordem. Servir o Exército era a maior caxiagem.

Assim que deu baixa como soldado, Alfredo foi para o comércio. Quando juntou o suficiente, comprou uma pequena embarcação para levar carga rio Negro acima e subir o Uaupés, para entrar na Colômbia e na Venezuela:

— Era uma lanchinha muito pequena, eu levava um mês só pra ir e voltar.

Empreendedor, ele melhorou de vida. Chegou a ter seis barcos com motores mais potentes, que reduziram o tempo das viagens. Ele descreve a vida dos proprietários de regatões da sua geração:

— O regatão levava de tudo, desde carretel de linha, agulha, até pólvora e espingarda, que naquele tempo era permitido, porque os caboclos vivem da caça e pesca. Ia de porto em porto. Aí vinham aquelas senhoras, uma trazia uma lata de farinha, outra, um paneiro de farinha, cada moça, rapaz ou menino traziam uma coisa pra trocar, eu quero um anzol, quero aquela faca, aquela sandália, esse batom...

Os donos dos barcos aceitavam bananas, peixes salgados, carne de caça moqueada, porcos, galinhas, balaios, peneiras:

— A gente recebia o que fosse, até o que não queria, senão o outro ficava contrariado e não trazia mais nada na viagem seguinte.

No lado brasileiro, eles vendiam tudo em Cucuí; na Venezuela, vendiam em San Carlos e, na Colômbia, em Mitú:

— Porque lá a turma querem comer essas coisas.

Terminadas as vendas, voltavam para São Gabriel e repetiam a operação de ir e voltar.

Seu Alfredo vive em São Gabriel com a família, é conhecido e respeitado pela vizinhança. Acha que a vida de trabalho valeu a pena, mas tem saudades da época em que subia e descia o rio:

— Hoje acabaram os regatões, porque não tem mais produtos, não tem mais borracha, tem o cipó-titica, mas ficou complicado para tirar. Naquele tempo, não, a floresta produzia de tudo.

Sophie Müller

Um grupo de indígenas estava sentado ao redor de uma fogueira quase apagada, no meio de uma choupana de barro no interior da Colômbia, envolvido num bate-papo sobre a origem de uma mulher branca que navegava seus rios e ensinava nas suas aldeias.

Assim a americana Sophie Müller começa seu livro de memórias dos anos em que se dedicou à evangelização de indígenas em aldeias da Colômbia e junto aos Koripako e Baniwa no Alto Rio Içana, na Cabeça do Cachorro.

A conversa entre os indígenas continuou, como relata Sophie:

— Ela é feiticeira — disse um.
— Não é não, ela só quer nos ajudar.
— Mas todos os feiticeiros falam do mundo oculto. Como ela poderia saber tanto do assunto?
— Do livro preto dela! Ela diz que é o livro de Deus.
— Ah, é Ñapericoli, o Grande Espírito! Lembram-se das palavras que nosso feiticeiro nos contava? Ele uma vez falou que mor-

reu e entrou na presença de Ñapericoli, numa cidade de luzes ofuscantes.

— Ñapericoli lhe prometeu que algum dia mandaria sua irmã ao nosso rio, com uma mensagem para todos os povos.

— Essa irmã branca não está contando coisas a respeito do Céu e de como chegarmos lá? Ela não veio de uma terra muito distante?

— Como teremos certeza se ela é realmente a irmã de Ñapericoli?

— Se ela for não morrerá, mesmo que tome veneno.

Segundo Sophie, passaram-se algumas semanas até a moça branca voltar à mesma aldeia. Na hora do jantar, os homens lhe ofereceram uma sopa estranha, descrita assim nas memórias de Sophie: "Tinha alguns pés de tartaruga, com unhas e tudo, flutuando na superfície".

Era hábito da moça aceitar tudo que lhe ofereciam nas aldeias, como forma de aproximação. Sophie continua: "Terminada a refeição, sentada na minha rede, fui tomada por dores no abdômen, as mais terríveis que já havia sentido".

Num canto da cabana de palha em que estava hospedada, havia uma cuia grande usada para servir caxiri nas bebedeiras das festas. Ela mal teve tempo de chegar até a cuia para vomitar. Voltou cambaleante para a rede, sem forças para se levantar. Lentamente, as dores foram diminuindo.

Ao clarear, quando Sophie acordou e foi esvaziar a cuia, encontrou-a vazia. Ao lado do recipiente, viu um galo morto, que ela deduziu ter sido envenenado depois de comer o vômito. Ao verem que ela não havia morrido, os indígenas concluíram que de fato se tratava da "irmã branca" de Ñapericoli.

Desde esse dia, passaram a receber com entusiasmo cada palavra da "deusa branca" que viera de Nova York.

* * *

No início dos anos 1940, Sophie fazia um curso avançado de arte na Academia Nacional de Desenho, em Nova York, quando por acaso assistiu a uma reunião ao ar livre em que um grupo de jovens pregava e tocava instrumentos. Quando perguntaram à plateia quem aceitava Jesus Cristo como Salvador, ela levantou a mão. Uma jovem chamada Marge se aproximou de Sophie:

— Venha estudar a Bíblia conosco, em casa.

Meses depois, Sophie se apresentou como missionária num posto da New Tribes Mission, em Mitú, do lado colombiano da fronteira com o Brasil.

Em Mitú, seringueiros que iam tomar café na missão falaram dos Koripako e dos Baniwa, etnias das margens do rio Içana que ainda não tinham recebido a visita de missionários. Quando Sophie demonstrou interesse em conhecê-los do lado brasileiro, os homens a desestimularam: "Você não pode ir até lá. Eles vão roubar os seus pertences e matá-la".

Conseguiu uma canoa e um remador de doze anos para conduzi-la, pelas corredeiras, até um grupo de indígenas Kubeo, os quais se dispuseram a levá-la a uma aldeia Koripako. As dificuldades foram muitas: "A viagem levou mais tempo do que eu imaginava: alguns dias de canoa e oito horas a pé, caminhando em lama funda e passando por cima de árvores caídas".

Aqueles remadores a levaram até a aldeia seguinte, rio abaixo, ainda longe dos Koripako. No caminho caiu uma chuva forte: "Para mudar de roupa, ia até uma moita e colocava uma capa molhada sobre a cabeça, com a chuva escorrendo pelo meu pescoço".

Depois de dias sob esse aguaceiro, Sophie percebeu que os remadores estavam se tornando silenciosos, amuados. Quando o grupo chegou a um trecho encachoeirado, eles carregaram a canoa com as bagagens, para deixá-las logo abaixo das corredeiras, como era habitual, prometendo vir buscá-la em seguida. "Esperei, esperei. [...] Subi o barranco para ver o que estava ocorrendo. Vi meus remadores na próxima curva do rio, fugindo de mim. Chamei-os freneticamente. Eles não olharam para trás [...]. Então me dei conta de que fora abandonada, para enfrentar os perigos da selva."

Depois de horas de angústia, revolta contra Deus e orações, sem entender por que tinha sido deixada para morrer na floresta, quando o que pretendia era levar as palavras Dele a lugares aonde nunca haviam chegado, seu espírito foi inundado por uma sensação de paz verdadeira: "De alguma forma Deus cuidará de mim".

A resposta de Deus foi o aparecimento do barco de um comerciante, remado por quatro Koripako espantados por encontrar uma jovem branca, frágil, perdida naquela imensidão pela qual eles raramente passavam. "'Você pode viajar conosco', disse o comerciante bondosamente, um venezuelano que comprava farinha dos indígenas."

Quando soube que a intenção dela era levar a escrita e os ensinamentos religiosos aos Koripako, ele a advertiu:

— Você não vai mudá-los. Eles gostam demais das bebidas, danças e costumes tribais.

— Não, eu não vou mudá-los, mas a Palavra de Deus os mudará.

Mesmo antes de aprender a língua dos Koripako e dos Baniwa, tendo nas mãos um cartaz com as vogais a, e, i, o, u, às quais acrescentava uma consoante de cada vez, Sophie se dedicou a alfabetizar os indígenas da calha sinuosa do Içana. Sua habilidade para o desenho ajudou: "Eu apresentava a mensagem do Evangelho através de visuais, usando giz colorido e figuras da Criação, da vida de Cristo e do livro de Atos, num flanelógrafo".

Os discípulos se multiplicaram e disseminaram seus ensinamentos pelos povos vizinhos dos dois lados da fronteira: Puinave, Puiapoco, Piapoco, Guahibo, Cuiva, Saliva. Em 1949, ela levou suas crenças também aos Kubeo do rio Querari.

Num tempo em que os brancos, a violência e as doenças trazidas por eles chegavam à região subindo o Içana a partir do rio Negro, Sophie navegou no sentido oposto, vinda da Colômbia.

Com a Bíblia traduzida para o koripako, guahibo, piapoco e outras línguas dos povos da região, Sophie incitou-os a abandonar as danças, as bebedeiras, as práticas dos pajés e os rituais de iniciação dos meninos, que impunham castigos violentos aos adolescentes para serem aceitos no mundo dos adultos.

Robin Wright, que trabalhou mais de trinta anos com os Baniwa, escreveu:

> Sophie via os Baniwa como literalmente nas garras de Satã, "rodeados pelos demônios", "encaixados na bruxaria e com medo", [características] que ela atribuía à cultura deles. Sua tarefa era libertá-los, ou seja, destruir essa cultura (o que ela admitia abertamente) para que pudessem assimilar a fé evangélica.

A influência de uma missionária americana que havia entrado no país sem autorização chamou a atenção dos salesianos, que a denunciaram às autoridades:

> [Há] mais de seis anos, os protestantes trabalhavam clandestinamente penetrando pelas fronteiras de Colômbia e Venezuela ao Brasil, minando todo o território do rio Içana e seus afluentes com o veneno da heresia [...] Traduzindo com certa rapidez os quatro Evangelhos e quase todas as epístolas em língua indígena, ensinando aos mais habilitados a leitura, fazendo-se crer como uma enviada de Deus, conseguiu os melhores sucessos.

O Serviço de Proteção aos Índios (SPI) também reagiu, considerando que a presença de missionários estrangeiros em áreas de fronteira ameaçava a soberania nacional.

Em junho de 1953, o delegado da polícia municipal de São Gabriel da Cachoeira mandou trazer Sophie à sua presença para prestar esclarecimentos. Um dia depois de intimá-la junto às cachoeiras de Tunuí, o funcionário do SPI encarregado da tarefa escreveu: "Dona Sophie Müller fingiu aceitar a intimação e logo após minha saída, tripulando uma canoa com cinco remadores índios, fugiu".

Pela semelhança com as fugas empreendidas pelo profeta Venâncio Kamiko no século anterior, o episódio encontrou eco na mitologia Baniwa, aumentando a popularidade da missionária.

Depois dessa fuga, Sophie Müller nunca mais retornou ao Brasil. Morreu em 1995, nos Estados Unidos. Em mais de quarenta anos de evangelização, ela traduziu o Novo Testamento para três línguas e diversos trechos da Bíblia para oito idiomas.

A missionária convenceu seus discípulos a abandonar seus costumes e suas crenças ancestrais, ensinou-os a escrever em seus próprios idiomas e preparou centenas de pastores indígenas para levarem a comunidades distantes o que ela considerava ser a palavra de Deus.

Os indígenas com quem conversei no rio Içana referem-se a ela como srta. Sophie, com reverência extrema.

Koripako

Desde pequeno me emociono ao ouvir o Hino Nacional. Quando o helicóptero aterrissou em São Joaquim, um grupo de cerca de cinquenta crianças da etnia Koripako, alinhadas junto à pista, segurava uma faixa grande com dizeres de boas-vindas. Assim que nos aproximamos, elas começaram a entoar o Hino Nacional.

Naquele lugar distante, meninas e meninos indígenas cantavam a música que nos une, que faz do Brasil um país. Não vinha ao caso se entendiam o significado de "lábaro que ostentas estrelado" ou "impávido colosso"; o fato é que meus olhos ficaram embaçados.

Quando terminaram, duas meninas deram um passo à frente para nos saudar, uma em português, outra em koripako:

— Sejam bem-vindos, queridos visitantes. As comunidades do Alto Içana em festa vos recebem. Estamos alegres com essa chegada. Sejam felizes em nosso meio.

A entonação era a de quem recitava um texto decorado, tanto numa língua como na outra.

De trás do coro de crianças, veio em nossa direção um homem com cerca de quarenta anos, de calça azul-marinho com vinco e camisa social branca de mangas compridas, sapato engraxado, cabelo bem penteado, preto como "a asa da graúna", e o botão do colarinho fechado. Parecia um personagem recém-saído de um culto evangélico dominical. Era o cacique Rogério.

A aldeia Koripako devia ter vinte e poucas casas, dispostas em um amplo terreno circular de chão batido. As casas dos Koripako e dos Baniwa são muito bem construídas: na fachada, duas janelas e uma porta de madeira. As paredes de barro têm meio metro de espessura, são pintadas de cinza-escuro do chão ao batente inferior das janelas, e de branco desse ponto até o teto de palha, construído com feixes ordenados com precisão, para projetar sombra na varanda que circunda a casa. Ainda que a temperatura externa atinja ou passe dos quarenta graus, as paredes grossas e as camadas de palha superpostas no teto conferem ao ambiente interno uma temperatura tão agradável que não dá vontade de ir para fora.

Numa das casas, vi um cesto de palha trançada grande, feito com tanto esmero que tive vontade de comprá-lo. A dona da casa, mulher de olhos tímidos, respondeu:

— Não é pra vender, deu muito trabalho para fazer.

Claro que não insisti, apenas pedi licença para admirar o trançado que deixava o cesto firme como se fosse de madeira.

No dia seguinte, encontrei com essa mulher na comunidade. Trazia o cesto nos braços:

— É um presente para o senhor.

— Por quê?

— Porque vi nos seus olhos que o senhor achou bonito. Quando estiver na sua casa, vai lembrar da gente.

Tentei pagar, mas ela não aceitou de jeito nenhum. Só concordou em receber quando eu disse que era uma doação para o café da manhã da comunidade. Pelo jeito de pegar o dinheiro, tive certeza de que nunca tinha visto duas notas daquele valor.

O cesto está em minha sala. Impossível olhar para ele sem me lembrar do sorriso dela e do café da manhã na aldeia.

O primeiro cômodo das casas é uma sala com bancos entalhados à mão, para receber as visitas. Na parede oposta à fachada, uma porta dá acesso ao segundo cômodo, construído a dois metros da sala, pintado e coberto com a mesma técnica. Em seu interior são penduradas as redes: é o dormitório da família. Mais dois metros adiante fica a cozinha, com panelas e demais utensílios, que se abre para a casa de farinha, com o forno e o tacho de cobre. Ao contrário da maioria das aldeias indígenas do rio Negro, em que as casas de farinha são coletivas, entre os Koripako cada família tem a sua.

A casa, portanto, é composta de três unidades contíguas, mas isoladas umas das outras. É um conjunto harmonioso de rara beleza, sem dúvida das construções mais bonitas das aldeias do rio Negro. Eu gostaria de ter uma dessas num sítio ermo ou numa praia deserta.

Rogério conta que elas são construídas coletivamente:

— Quando alguém vai casar, o homem constrói a casa com a ajuda de todos. Aprendemos com os nossos pais, são de barro, mas ficam tão bem-feitas que parecem de tijolo. Morar com o pai e a mãe não dá certo.

Ele não conheceu pessoalmente Sophie. As histórias que ouviu sobre a missionária foram contadas pelo pai, que viajou com ela várias vezes como remador, para levar ensinamentos religiosos a comunidades distantes. Segundo o pai, era uma mulher de saúde frágil:

— A srta. Sophie comia feito um passarinho. Vivia rio pra cima, rio pra baixo, para levar a Bíblia, ensinar a escrever e mudar costumes que não eram bons. Quando meu pai era católico, dançava, fumava, bebia, aquela festa. Ela explicou a palavra de Deus, que não é bom isso. Ele não sabia que existe Deus. Aí todos os velhos procuraram deixar as tradicionais, estamos com costume novo. Acho melhor assim, porque com palavra de Deus vai pro céu. Passamos a noite no alojamento do quartel. Às seis da manhã, Rogério tocou o sino do salão coletivo em que ocorrem as reuniões para a tomada de decisões de interesse geral e onde também são servidas as refeições compartilhadas.

Das casas saíram mulheres, homens, crianças, os mais velhos com panelas, bacias cobertas com tampas ou panos para protegê-las dos insetos e peneiras de palha trançada cheias de farinha de mandioca. Cada um traz o que tem em casa, como explica o cacique Rogério:

— Farinha, tapioca, beiju, mingauzinho, goma. Se tiver uma caça ou a pessoa pescou um peixe, leva também. O que não pode faltar é quinhampira. Faz sessenta anos que vivemos juntos aqui na aldeia.

As panelas foram enfileiradas numa mesa comprida no meio do refeitório. Todos se serviram em pratos e cuias e sentaram nos bancos de madeira junto às paredes. Conversavam em voz baixa e nos olhavam com timidez. As mulheres usavam vestidos estampados, os homens, calças azul-marinho ou cinza e camisas abotoadas no colarinho. De calção e camiseta, a indumentária do dia a dia dos povos do rio Negro, só as crianças. Algumas, ainda pequenas, carregavam um irmãozinho no colo.

Uma menina sentou do meu lado trazendo no ombro um macaquinho de fraldas. Perguntei quantos anos ela tinha, esticou os cinco dedos da mão sem me olhar, depois abriu um sorriso envergonhado.

Terminada a refeição, recolheram tudo e voltaram para casa.

No dia seguinte, um soldado indígena nos levou de voadeira até uma aldeia vizinha, situada a meia hora dali. Embora fosse uma povoação menor, as casas eram idênticas, também dispostas em círculo e pintadas com as mesmas cores.

Homens e crianças nos receberam na praia de areia branca banhada pelas águas escuras e calmas naquele trecho do Içana. Na frente do grupo, um indígena de peito largo e braços musculosos. Era Américo, o capitão da comunidade.

Eu não conseguia tirar os olhos de um garoto de uns doze anos com a perna direita atrofiada e dobrada para trás, sem alcançar o chão. Para andar, ele contava apenas com o apoio de um pau em formato de cabo de vassoura.

Américo explicou que era um defeito de nascença. Quando perguntei se o menino tinha sido levado a São Gabriel depois do nascimento, ele respondeu:

— Aqui a gente não tem dinheiro para comprar combustível.

Conversamos sobre o dia a dia da comunidade, em tudo semelhante ao da aldeia vizinha. Contou que não conheceu a srta. Sophie, mas que seu pai e tios foram convertidos por ela, e que eram visitados com regularidade por pastores indígenas que pregavam as palavras dela.

— Aqui nós vivemos do roçado de mandioca, da caça e da pesca, como antigamente. Se quiser visitar algum parente, tem que ser a remo. Quando muito a gente consegue trocar um pouco de farinha por querosene pra lamparina.

As mulheres com crianças de colo não tinham vindo à praia, permaneciam em grupo junto às casas. Quando nos aproximamos, foram receptivas, mas reservadas. Contaram que davam à luz na própria aldeia, sob os cuidados das mais velhas e as bênçãos do pajé. A taxa de mortalidade infantil devia ser alta, porque quase todas tinham perdido filhos recém-nascidos ou na primeira infância. Segundo Américo, casos de diarreia não eram tão frequentes como em outros locais do rio Negro:

— Aqui a gente constrói fossa no mato, não usa o rio como esgoto igual os brancos.

Quando perguntei quantos anos ele tinha, Américo respondeu:
— Tô velho já, 35 anos.
— Por que você se acha velho?
— Porque eu passava a manhã inteira roçando com o terçado sem sentir dor nenhuma. Agora, depois de duas horas as costas começam a doer.
— Velho aos 35 anos? Sabe quantos anos eu tenho? Vou fazer 65 anos.
— O senhor é muito velho.

A distância até São Gabriel e os perigos das corredeiras do Içana são o principal sofrimento imposto aos Koripako de São Joaquim. Embora tenham direito ao Bolsa Família e os mais velhos à aposentadoria, o problema que enfrentam é como receber esse dinheiro sem que precisem viajar para São Gabriel, a sede do município. O Estado não vai até eles.

Na viagem de canoa com o motorzinho rabeta, único transporte disponível, são necessários pelo menos duzentos litros de gasolina para ir e ainda voltar contra a correnteza. Como o litro custa até o dobro do que pagamos nos grandes centros, o benefício inteiro que recebem do Estado não é suficiente para cobrir os gastos com o combustível.

Para se defender, procuram juntar um grupo e aguardar até três meses para ir receber. Na ida e na volta é preciso vencer as corredeiras — são nove até chegar a São Gabriel. Na vizinhança delas, há comunidades onde é possível contratar homens para tirar a canoa do rio e levá-la nos braços, por terra, até o trecho com águas mais calmas. Essa ajuda, porém, tem custos na ida e na volta, que, somados aos do combustível e da alimentação, deixará poucos recursos para a aquisição de alimentos e de artigos de primeira necessidade.

A depender da época do ano e do volume das águas, ida e volta podem levar de duas a três semanas, às vezes mais, período em que o homem fica longe de seus familiares, sem trabalhar na roça, caçar ou pescar para alimentá-los.

É uma epopeia à espera de um cineasta disposto a documentá-la.

Agonia da espera

Essa realidade não é exclusiva dos Koripako, aflige todas as etnias que vivem pelo rio Negro em comunidades afastadas. Ser obrigado a viajar por dias ou semanas até São Gabriel, Santa Isabel ou Barcelos para receber um direito adquirido é causa de dissabores em cadeia.

Os indígenas que se deslocam de aldeias distantes são muito pobres. Muitas vezes só conseguem dinheiro para a viagem de ida, contando com o pagamento do benefício para comprar víveres e o combustível da volta. Se houver algum problema com a documentação ou com a comprovação da aposentadoria, ou constar que as exigências do Bolsa Família não foram cumpridas, o que fazer enquanto aguardam a solução? Depender da caridade pública para não passar fome?

Em São Gabriel, conversei com a assistente social Giovana dos Santos, de ascendência Baré, que explicou:

— Os benefícios são os mesmos do resto da população, mas o acesso é muito diferente. Por exemplo, o Bolsa Família é bloqueado depois de três meses se as normas não são cumpridas ou se a pessoa não vem buscá-lo na cidade dentro do prazo. O que acontece quando ela não tem dinheiro para o combustível? Sem dinheiro, como ficar na cidade?

— E como faz para desbloquear?

— Nem sempre é fácil, chega a levar dois, três meses. O Bolsa Família foi organizado para a população pobre das cidades, não foi pensado para os indígenas que vivem em lugares distantes.

Marivelton Barroso, da etnia Baré, que dirigiu a FOIRN (Federação das Organizações Indígenas do Rio Negro) por oito anos, dá uma ideia da magnitude do problema:

— O parente que vem buscar o dinheiro do benefício muitas vezes traz a mulher e os filhos, para não deixar a família sozinha sem ter o que comer. E, também, para fazer prova de vida dos mais velhos e receber os trezentos reais que o Bolsa Família paga por mês para cada criança. As famílias armam barracas de lona na beira do rio ou nas pedras no meio dele, se o rio estiver na seca.

A prefeitura construiu barracões para alojar essas pessoas, e visitei dois deles mais de uma vez, a última em 2024. Em 2023 estive no barracão menor, exclusivo para os Yanomami. Chamá-lo de abrigo, nem por força de expressão. Era uma construção tosca de madeira, com chão de terra batida e paredes de tábuas com vãos entre elas e goteiras no teto que obrigavam os indígenas a ficar se esquivando delas o tempo todo. O teto era de zinco, material impróprio para aquele calor. Não havia água encanada nem banheiros. O lixo era jogado nas cercanias. Daria pena deixar um cachorro de estimação num ambiente desses.

Quando voltei, em 2024, o barracão estava abandonado. A prefeitura havia construído outro nas proximidades, com paredes de alvenaria, bem mais decente. Ainda assim, Marivelton diz:

— Precisou a FOIRN pressionar a prefeitura para levar água encanada.

Na verdade, o que esses "abrigos" oferecem aos indígenas é apenas um local para pendurar as redes. Permanecem ali por semanas mulheres e homens de todas as idades, e muitas crianças, até conseguirem receber o benefício que lhes permitirá retornar à aldeia.

Num desses barracões que visitei, havia mulheres e crianças Tuyuka que passavam dias à espera, enquanto os maridos procuravam qualquer trabalho na cidade para alimentá-los até resolver o problema da volta.

— Há quantos dias vocês estão aqui? — perguntei a uma jovem que carregava um bebê no colo e tinha outro, de um ano e meio, agarrado à saia.

— Faz um mês.

— E o seu marido?

— Está no porto trabalhando pra gente sobreviver até receber o Bolsa Família e a aposentadoria da minha sogra.

A sogra era uma senhora quase cega pelo diabetes, que precisava de ajuda para andar.

— De onde vocês são?

— Do rio Tiquié.

— Quantos dias de viagem para chegar a São Gabriel?

— Cinco.

— Quantos litros de combustível precisa?

— Cinquenta na vinda e mais de cinquenta na volta, contra a correnteza.

Na época, o litro da gasolina em São Gabriel custava oito reais, portanto eles teriam um gasto mínimo de oitocentos reais (145 dólares), uma fortuna para aquela gente.

— E de quanto é o Bolsa Família?

— Seiscentos (109 dólares). Precisa esperar três meses pra vim buscar, senão gasta mais na viagem do que recebe.

Marivelton diz que a FOIRN procura pressionar as autoridades estaduais e federais para que adotem medidas que reduzam o sofrimento das populações do Alto Rio Negro:

— Hoje, com o Starlink presente em muitas comunidades, não seria difícil identificar os beneficiários do programa por reconhecimento facial, sem que eles precisassem sair das aldeias.

— E o pagamento?

— O pessoal fala que não teria como evitar assaltos, mas o dinheiro poderia ser enviado de avião para os pelotões de fronteira. Pelas boas relações que nós temos com o Exército, sei que eles não se negariam a prestar esse serviço. É mais fácil para as famílias viajar até o pelotão do que passar dias no rio para vir até a cidade.

Marivelton descreve a exploração a que ficam expostos os indígenas:

— Eles acumulam dívidas no comércio da cidade para comprar comida enquanto esperam a liberação do pagamento. Como garantia, os comerciantes ficam com o cartão de benefícios deles e muitas vezes também com a senha, para sacarem o dinheiro em prestações mensais. Como eles cobram preços exorbitantes pela mercadoria, a dívida não acaba nunca.

É a variante moderna da escravidão por dívida que há séculos empobrece e escraviza as populações indígenas do Alto Rio Negro.

Estive em Barcelos pela última vez em junho de 2024, época da cheia. Os Yanomami que vinham das aldeias para receber os benefícios ficavam instalados num terreno de chão batido cujo único conforto eram estacas para pendurar as redes e toldos de plástico para protegê-los da chuva. Semanas antes, uma ventania tinha praticamente destruído o lugar e os pertences do grupo.

Dias depois, vi na internet a força desses ventos: toldos, roupas e panelas voando, as mulheres agarradas às crianças no meio da tempestade. Cena de terror. Tratar seres humanos com tamanho desprezo ilustra bem o destino trágico a que foram relegados os povos originais do Brasil.

Caxiri, cachaça e choque-choque

Homens que desceram o rio sozinhos sem dinheiro para voltar perambulam pelas ruas sem ter o que fazer. Não são poucos os que começam a tomar cachaça, vendida a preços irrisórios em corotes de plástico de meio litro. Em 2024, o corote da marca Camelinho custava seis reais em Barcelos, ou seja, cerca de um dólar.

Gente que nas festas de suas aldeias tomava caxiri, bebida preparada a partir da fermentação da mandioca, com concentração alcoólica semelhante à da cerveja, passou a consumir pinga com teores alcoólicos acima de 40%. Embriagados, os homens caem e dormem nas ruas. Quando o dia amanhece, as calçadas das cidades do rio Negro retratam o flagelo do alcoolismo.

Indígenas que viviam em comunidades de vinte, trinta famílias, em que o caxiri era consumido em comemorações coletivas, apenas nas festas, em rituais específicos e ao término de trabalhos comunitários, com a chegada dos brancos começaram a consumi-lo também nos festejos dos dias santos da Igreja católica. Como cada comunidade passou a ter seu próprio santo, as festas se multiplicaram e, com elas, o caxiri.

Em Iauaretê, uma senhora da etnia Desana defendeu as mulheres, mas sem poupá-las:

— Eles chegam em casa bêbados, batem na mulher e nas crianças. Ela às vezes reage, dá cascudo nele. No dia seguinte ele não sabe como apareceram aqueles galos na cabeça. Mas nós temos culpa também, porque quem prepara o caxiri é sempre a mulher. Se a gente fizer uma quantidade pequena, eles vão beber menos.

Ela se referia ao costume indígena de beber até a bebida acabar. Se, por acaso, houver sobra, os homens consumirão o resto quando acordarem.

Em São Joaquim, seu Francisco, rosto vincado, coluna arqueada e braços musculosos, explicou num português trôpego:

— Aqui entre nós, Koripako, não é problema grande, não, só um pouquinho. Nós somos crentes, se algum comprar bebida vai fazer bagunça, vai roubar uma coisa do outro. É esse tipo de probleminha que a gente tem que resolver. Não é grande, não. Com os católicos é muito enorme.

Don Miguel, Kubeo nascido do lado colombiano da fronteira "hace muchos años", concorda:

— Evangélico não bebe, mas antes bebia mucho, bailaban com mujeres, tomaban caxiri e se quedaban borrachos, peleaban. Ahora acabou, a não ser algum que no cree en la palavra de Diós, y sigue tomando y bailando.

Anos atrás, fizemos uma viagem com o *Escola da Natureza* para o rio Jaú, afluente que deságua no Médio Rio Negro, hoje um parque nacional do tamanho da Bélgica. Naquela época, ainda restava no parque uma ou outra comunidade. Ao nos aproximarmos de uma delas, veio em nossa direção uma canoa com dois homens. Quando encostaram em nosso barco, o remador me pediu um galão de álcool para acender a espiriteira e o fogão quando a lenha estivesse úmida. Expliquei que tínhamos pouco, mas fui buscar um litro na cozinha.

Santa ingenuidade. Evilásio, nosso cozinheiro, que observava a conversa numa cadeira na proa, se aproximou de mim quando a dupla se retirou:
— Eles vão beber aquele álcool.
— Puro?
— Não, eles desagregam com limão e açúcar. Se não têm, desagregam com água do rio mesmo.

De fato, quando visitamos a comunidade no fim da tarde, um grupo de quatro ou cinco homens completamente bêbados me cercou para pedir mais álcool, dessa vez com a desculpa de que a agente comunitária de saúde local precisava para aplicar injeção.

Apesar da proibição de venda de bebidas alcoólicas em áreas indígenas, como fiscalizar dia e noite território tão extenso?

Paulo, da etnia Pira-tapuya, que trabalhou na construção dos colégios salesianos e nas reformas e na manutenção dos prédios depois que os internatos foram fechados, disse que antes da demarcação das terras a venda de cachaça era liberada:

— Depois que demarcaram, os comerciantes tiveram que ir embora de Iauaretê e diminuiu muito a entrada de álcool industrializado.

Quando perguntei como ainda conseguiam trazê-lo para a comunidade, ele deu risada:

— Do mesmo jeito que tudo chega aqui: pelo rio. Muito difícil impedir. Não dá para revistar todos os barcos dia e noite.

Fiquei espantado quando ele contou que a garrafa de uma das pingas mais baratas do mercado era vendida ali por cinquenta reais. Nos supermercados de São Paulo ela custava dez reais na época. Ele estranhou minha surpresa:

— É droga, doutor. O senhor já viu droga custar barato?

A cachaça que os primeiros invasores trouxeram para as populações que viviam na Amazônia, como parte da estratégia de dominação, fincou raízes profundas entre indígenas, caboclos e ribeirinhos ao longo do rio Negro. Nas cidades com grande concentração de indígenas, o problema é ainda mais grave.

Numa viagem a São Gabriel em agosto de 2024, ouvi falar pela primeira vez do choque-choque. Marivelton considera que a disseminação da nova praga foi incentivada por uma matéria sobre o tema levada ao ar no noticiário de uma rede de televisão:

— Um absurdo, doutor. Eles mostraram com todos os detalhes como se prepara o choque-choque. Ensinaram o povo, quem não sabia aprendeu.

A bebida é feita misturando água a gasolina e deixando decantar, para depois beber o álcool que ficou dissolvido na água. Embora a solução de álcool e água fique separada, ainda conserva o cheiro forte da gasolina.

A epidemia de alcoolismo é o problema mais grave de saúde pública da região. As alterações de humor provocam brigas, destroem famílias, levam a assassinatos, desastres de motos, violência doméstica e miséria. Além das doenças, o álcool está por trás dos afogamentos daqueles que perdem o equilíbrio nas canoas e caem na correnteza, tragédia frequente em rios tão largos.

Luciano, comerciante de São Gabriel, resume:

— Os indígenas são pessoas de trato doce e agradável, mas quando bebem ficam irreconhecíveis.

A FOIRN e o ISA

Portugueses, espanhóis, expedições militares, missionários e comerciantes brasileiros atormentaram e atormentam as populações do rio Negro desde o século XVIII.

Sempre houve lideranças entre os povos originais que se opuseram à dominação, mas foi na década de 1970 que começou a ganhar corpo a ideia de fundar uma associação para defender a demarcação de terras nas quais indígenas de todas as etnias pudessem viver em segurança, com menos interferências externas.

Com esse objetivo, em 1984 foi realizada a Primeira Assembleia Geral de Líderes Indígenas do Alto Rio Negro, na cidade de São Gabriel da Cachoeira.

Em 1987, mais de trezentos representantes de diversas etnias organizaram a Segunda Assembleia. Pedro Fernandes Machado, um dos participantes, disse o seguinte nessa ocasião:

Somos mulheres que sempre lutamos pela paz. Somos homens que sempre reivindicamos nossas terras […] O branco sempre vive de dinheiro. Nós aqui vivemos de terra, de roça, de nossos encontros e visitas. Isso nós vamos manter. Tem mais pobreza no mundo dos brancos do que no nosso […] Ficaremos aqui, pois este é o nosso mundo.

Essa segunda assembleia marcou o nascimento da FOIRN, a Federação das Organizações Indígenas do Rio Negro, fundada com o compromisso de "fortalecer, resgatar e valorizar" a cultura das 23 etnias da região. O antropólogo Beto Ricardo, na época diretor do Centro Ecumênico de Documentação e Informação (Cedi), que originou o ISA, foi convidado a participar da assembleia, dando início a um processo de colaboração mútua que se mantém até os dias atuais.

De acordo com Marivelton Barroso, "pela primeira vez os povos originais tiveram voz própria para discutir nossos direitos fundamentais diretamente com as autoridades do governo, sem precisar de intermediários".

Com o apoio técnico, jurídico e político do ISA, a FOIRN teve papel decisivo na demarcação das Terras Indígenas do Médio e do Alto Rio Negro. O primeiro passo foi a criação de frentes de trabalho com equipes que distribuíram mapas preparados pelo ISA para as comunidades ao longo dos rios. Desde então, o instituto tem contribuído com estudos antropológicos, etnográficos, históricos e cartográficos que comprovam a ocupação territorial pelos povos originais.

Numa tarde de outubro de 2024, sentei para conversar com Marivelton e Dário Casimiro, o atual presidente da FOIRN (primeiro Baniwa a presidi-la), nas instalações da Casa de Produtos Indígenas, loja que a federação mantém para comercializar peças de artesanato como alternativa para gerar renda e estimular a produção.

Filho de pais Baré, Marivelton estudou em Santa Isabel até completar o primeiro ano do ensino médio na escola das Irmãs Salesianas. Tinha catorze anos quando se filiou à Associação das

Comunidades Indígenas do Médio Rio Negro — foi o começo de uma carreira de ativista que o levou à presidência da FOIRN em 2016. Nascido na Comunidade Nazaré do rio Içana, Dário é professor formado pela Universidade Federal do Amazonas e desde 2020 coordena o Departamento de Educação Escolar Indígena da FOIRN. Marivelton tem o dom da palavra, enquanto Dário é caladão, com respostas curtas e objetivas, mas defende com argumentos sólidos as realizações e o legado da Federação:

— Os brancos acham que a demarcação deu essas terras de presente para nós. Estão enganados, elas sempre nos pertenceram. Quando eles chegaram, nossos antepassados já moravam aqui há milhares de anos.

Nessa nossa conversa, os dois líderes mostraram que a FOIRN tem trabalhado pela educação escolar de acordo com os conhecimentos indígenas acumulados no decorrer de milênios:

— Isso é para que as línguas dos nossos povos continuem a ser faladas, para que as crianças sintam orgulho de ser indígenas e para preservar o modo de vida dos nossos avós. Eles sobreviveram porque souberam respeitar as florestas e domesticar a mandioca num tempo sem adubos nem inseticidas, em que não existia arroz e feijão.

Para Marivelton, a roça é o centro do mundo indígena:

— A roça sobreviveu a tudo o que veio de fora: exércitos portugueses, missionários, patrões do extrativismo, militares, comerciantes brancos, missionários de várias religiões e aos avanços da tecnologia. Até agora ninguém inventou um método mais eficiente do que o tradicional.

A FOIRN tem cinco diretores eleitos por voto direto, e cada um deles representa uma área geográfica: a primeira no rio Içana, a segunda em Iauaretê, a terceira no Médio e Baixo Rio Negro, a quarta no rio Tiquié e Baixo Uaupés e a última no Alto Rio Negro e rio Xié. Eles fazem a integração de mais de noventa associações de base distribuídas pelas 750 comunidades da região, nas áreas de educação, saúde, cultura e desenvolvimento econômico.

Além da parceria com o ISA, a FOIRN executa programas com a Fundação Nacional dos Povos Indígenas (Funai) e com a Secretaria de Saúde Indígena (Sesai), a qual presta serviços de saúde ao longo dos rios, atividade trabalhosa numa região com comunidades dispersas em áreas tão extensas.

Uma das parcerias firmadas com o ISA é a da sustentabilidade por meio de modelos de geração de renda, com apoio ao ecoturismo no interior das comunidades e valorização dos produtos tradicionais. São exemplos dessa iniciativa os bancos Tukano, as cestarias, as esteiras de palha arumã, as cerâmicas e a pimenta Baniwa, artigos comercializados na loja da FOIRN de São Gabriel e na que é mantida pelo ISA em São Paulo. Os bancos Tukano são decorados com cores vivas e desenhos geométricos de rara beleza; tenho dois na sala de casa, um deles comprei numa exposição em São Paulo, o outro ganhei de presente.

Os Baniwa cultivam e produzem dezenas de espécies de pimenta, algumas das quais usadas no ritual de passagem da adolescência para a vida adulta, quando o menino precisa mastigar uma das variedades mais picantes para demonstrar força e coragem. As pimentas Baniwa começam a ganhar mercado no resto do país.

Na área cultural, o ISA financia estudos antropológicos, etnográficos, arqueológicos e históricos, fundamentais para preservar a cultura e o conhecimento tradicional dos tempos em que não havia escrita. Um exemplo é a coleção Narradores do Rio Negro, publicada em oito volumes, com histórias que os mais velhos ouviram de seus avós.

Em 2017, a FOIRN instalou a Rede de Comunicadores Indígenas do Rio Negro, com o objetivo de integrar as populações e dar voz a comunicadores das 23 etnias. A Rede teve papel preponderante no combate às fake news e na divulgação de medidas preventivas durante a pandemia de covid-19. Em 2023, a iniciativa lançou a Rádio Online Wayuri — A Voz dos 23 Povos Indígenas do Rio Negro, rádio web que chega às cidades de Barcelos e Santa Isabel e às aldeias mais longínquas equipadas com antenas da Starlink, hoje disponíveis em cerca de duzentas comunidades. O custo dos aparelhos e o das mensalidades correm por conta da FOIRN.

A Rede distribui programas radiofônicos como *Alô Parente* e *Kakuri Online* e também envia podcasts por WhatsApp. Participei de um deles em uma gravação sobre os suicídios em São Gabriel e gravei mensagens online de prevenção à covid-19, para serem divulgadas durante a pandemia. Essa rede de comunicação tem servido de modelo para indígenas de outros cantos do país.

Tanto os movimentos pela valorização da cultura como a luta das populações originais para exercerem seu direito de participar das decisões políticas que lhes dizem respeito chegaram com séculos de atraso, mas vieram para ficar.

Alvorada

Acabei de acordar. Ainda está escuro, a silhueta da floresta se perde às margens do rio. Vindo de pontos esparsos, os pios dos primeiros pássaros a despertar quebram o silêncio do igarapé intocado como antes da chegada do homem.

O canto repetitivo de uma ave distante coincide com o aparecimento gradual de um brilho fosco, cinza-prateado, mal perceptível acima do contorno da mata à minha direita. Lentamente, a partir dessa região, um facho prateado se espalha em forma de concha, ganha intensidade, realça a linha sinuosa que une as copas das árvores à frente e se projeta contra a margem oposta, tornando discerníveis as folhas, os troncos mais altos e uma nesga de praia esbranquiçada. O rio permanece escuro, alheio aos primeiros passos que a aurora ensaia ao leste.

Habituado ao cinzento dos prédios de São Paulo e às fendas de céu que se esgueiram entre eles, meu olhar se perde, reflexivo, numa volta de 360 graus por aquela imensidão desabitada. Quando retorno ao ponto de partida, encontro o prateado mais reluzente e os primeiros tons alaranjados a colorir as nuvens que se desgarraram da luz central.

Uma cortina de névoa se desprende da superfície das águas. Na luminosidade antes homogênea do nascente, surge um núcleo central amarelado, já capaz de se intrometer entre a folhagem, iluminar com nitidez a margem contrária e semear reflexos cor de ouro nas ondulações miúdas do rio, movidas por um sopro de vento que bate suave em meu rosto.

O azul do céu clareia a cada minuto, ao mesmo tempo que as nuvens alaranjadas se irradiam em círculos que vão desbotando à medida que se afastam da origem, até se desfazerem em fiapos esgarçados.

O aru, nome dado à bruma que repousa sobre a floresta até onde a vista alcança, começa a se esvair, para se aglomerar em bolsões que pousam ao acaso na copa das árvores. O igarapé se alarga, afunila e lá longe perde a nitidez em meio ao aru. No centro geométrico da claridade nascente, o dourado ganha força e fere a vista.

As águas baixas nesta época do ano expõem recortes de praias, nas quais jazem troncos com galhos contorcidos como esculturas de Frans Krajcberg numa galeria de arte a céu aberto, que submergirá com seu acervo quando vierem as águas que invadirão a floresta.

A amplitude das ondulações diminui e a superfície se aquieta para formar um espelho imenso que reflete os céus e as árvores, em imagens virtuais indistinguíveis das que lhes deram origem. Em questão de segundos, desponta o sol, bola de fogo que sobe decidida, resplandecente, para impor seu domínio absoluto. A luz projetada por ele faz surgirem reflexos cintilantes na superfície âmbar do rio.

No céu, o azul-anil se apossa de tudo, e as nuvens de algodão alaranjado, agora espalhadas e tênues, são empurradas para os limites do poente. Um palmo acima do dossel da floresta, a bola incandescente ofende os olhos. Um peixe pequeno salta da água, perseguido a curtíssima distância por um tucunaré prateado.

No horizonte da última curva do rio, surge uma canoa. Quando se aproxima reconheço o remador de barba branca: seu Bonifácio.

Seu Bonifácio

A canoa desliza em silêncio na direção da comunidade. Em seu interior a camiseta do remador jogada num canto, ao lado de um cacho grande de bananas-pacová ainda verdes.

Sempre com a barba branca e rala por fazer, seu Bonifácio parece ter vinte anos mais do que os sessenta vividos. É filho de pai cearense que chegou ao rio Negro convocado pelo governo de Getúlio Vargas para servir à pátria como soldado da borracha, programa vigente entre 1943 e 1945, conforme previa o célebre Acordo de Washington.

Seu Bonifácio trabalhou como soldador de embarcações até perder o emprego e conhecer a segunda esposa, com quem veio para as margens do Cuieiras, penúltimo afluente da margem esquerda do Negro antes de chegar a Manaus. Sua foz fica à altura do arquipélago das Anavilhanas, e a nascente, na direção de Roraima. É um rio largo e caudaloso, que a maioria dos amazonenses nem conhece naquela profusão de águas que cortam o estado. A viagem de barco da foz às cabeceiras leva de três a quatro dias, conforme a época do ano.

Ele mora numa casa de madeira malcuidada, próxima das parcelas que delimitamos como parte do projeto de pesquisa. Com a primeira mulher seu Bonifácio teve vários filhos, hoje já adultos que ganharam o mundo. A segunda, dona Elza, é uma indígena nascida na Guiana, mãe dos cinco filhos que vivem com o casal. Na última vez em que estive com eles, o mais novo tinha dois anos e o mais velho doze. Em obediência à rotina exaustiva das mulheres ribeirinhas, ela cuidava das crianças, da família e das demandas da casa. Quando a conheci, o filho mais novo mamava no seio, enquanto ela, em pé, alimentava o fogão a lenha e escolhia o feijão espalhado na mesa. Ficavam por conta de dona Elza não só a criançada e os demais serviços domésticos, mas também a roça de mandioca atrás da casa, mantida livre do mato a golpes de facão. A obrigação diária de ir buscar água no rio era dividida com o filho de doze anos, menino franzino, mas de peito e braços moldados a remo.

Quem desconhece a vida à beira dos rios amazônicos imagina que seus habitantes tenham fartura de água à porta de casa, o que só costuma ser verdade na época das cheias. Quando chega a seca, as águas podem recuar cem, duzentos metros ou mais, distância que precisa ser percorrida com baldes na cabeça, para dar conta das necessidades da família. É uma tarefa estafante e repetitiva, quase sempre a cargo das mulheres.

Fui apresentado a seu Bonifácio por Mateus Paciencia, queria que eu visse os bonecos esculpidos por ele.

Entre aves e frutas de madeira, chamou minha atenção um pescador de um palmo de altura, calça verde, camiseta marrom e chapéu azul-marinho, em pé, com as pernas juntas e as mãos à altura do peito em posição de prece, transfixado por um arame curvo que passava entre as mãos. Na outra ponta do arame, fisgado pelo pescador, havia um tucunaré com escamas miúdas concentradas na extremidade da cauda — característica da espécie — para formar a imagem de um olho.

Era uma escultura dinâmica: colocada em pé numa prateleira, pescador e peixe balançavam-se alternadamente, para a frente e para trás, dezenas de vezes antes de parar.

Incrível a arte daquele homem capaz de esculpir objetos tão bem-feitos apenas com uma faca afiada e meia dúzia de tintas. Comprei o boneco, várias esculturas e pedi que ele entalhasse outras para nos vender na viagem do mês seguinte.

Presenteei várias pessoas com os pescadores do seu Bonifácio. Hector Babenco, saudoso e querido amigo, colocou um deles em posição de destaque na mesa de centro da sala de visitas. Ele contava que, sozinho em casa, o pescador, o tucunaré e seu vaivém eram companheiros obrigatórios em momentos de reflexão.

Imaginei que, animado em vender as esculturas, seu Bonifácio fosse se dedicar a produzi-las em série. Aconteceu o contrário. Nós, inconformados com o descaso para ganhar algum dinheiro que o ajudasse no orçamento familiar, a cada viagem insistíamos para que produzisse mais. Quando voltávamos, no entanto, havia apenas um ou dois bonecos prontos, às vezes nenhum. Ele culpava a chuva, o sol forte, a ventania que derrubara uma árvore das imediações, o resfriado que teve ou os filhos que ele precisou levar para tomar vacina na comunidade do outro lado do rio.

Naquele alvorecer, fiquei com o olhar encantado na direção da canoa de seu Bonifácio, que se aproximava da margem. Ele me acenou e deu bom-dia. Fiz o mesmo. Desceu, amarrou-a num tronco a cem metros de mim e pegou o cacho de bananas. Com passos miúdos, seguiu na direção da comunidade. Pela inclinação do corpo, devia estar pesado.

Quando voltou, estava sem o cacho; nas mãos trazia um corote de pinga.

Soldados da borracha

Os soldados da borracha viveram uma das tragédias épicas menos conhecidas da história brasileira.

Seu Bonifácio contou que o pai, nascido e criado no interior do Ceará, estava voltando da roça um dia, acompanhado da irmã mais nova, por uma estradinha, quando foi interceptado por um caminhão do Exército com vários civis na carroceria. Da cabine desceram dois soldados que lhe perguntaram a idade:

— Quando falou que tinha dezenove anos, mandaram que se juntasse aos outros na carroceria do caminhão.

Estava convocado, compulsoriamente, para servir à pátria como soldado da borracha, na Amazônia.

— Meu pai pediu para ir ao menos se despedir da minha avó. Os soldados riram, disseram que ele já era homem, que no Exército não tinha esse negócio de mamãe. Meu pai nunca mais viu ela nem ninguém da família.

O primeiro ciclo da borracha ocorreu entre meados do século XIX e o ano de 1920. Por setenta anos, a Amazônia foi responsável por 95% da produção mundial de borracha e por cerca de

20% das exportações brasileiras. A riqueza gerada por essa atividade, no entanto, ficou concentrada nas mãos dos seringalistas conhecidos como "coronéis de barranco", que exploravam dezenas de milhares de seringueiros pelo sistema de escravidão por dívida, mencionado em diversos trechos deste livro.

Os ingleses, por sua vez, estavam apreensivos com a dependência que haviam criado das importações brasileiras para obterem a borracha necessária à fabricação de pneus da nascente indústria automobilística, que ganhava importância crucial nos Estados Unidos e Europa. Com o objetivo de acabar com a dependência, os ingleses fizeram várias tentativas de levar sementes de seringueiras para o Kew Gardens, o Jardim Botânico Real de Londres, mas o material não sobrevivia à penosa travessia do Atlântico.

Surgiu, então, o mal-afamado aventureiro inglês Henry Wickham, botânico que coletou 70 mil sementes de seringueira na região do rio Tapajós, carga de mais de uma tonelada que ele conseguiu embarcar no navio *SS Amazonas*, que se achava no porto de Manaus, de partida para Liverpool. Estranhamente, os fiscais alfandegários deixaram passar o contrabando.

Os botânicos da Inglaterra levariam cerca de trinta anos para aclimatar as mudas e semeá-las nas colônias no Sudeste Asiático. Lá, a produção de látex começou em 1900 com quatro toneladas, quantidade insignificante se comparada com as 27 mil toneladas produzidas na Amazônia brasileira.

Mas, enquanto o nosso seringueiro precisava ir atrás das árvores espalhadas pela floresta, nas plantações asiáticas planejadas de forma racional a coleta do látex era mais produtiva e os custos, mais baixos. Em 1913, a produção asiática já superava a brasileira. Em 1920, o fim do ciclo da borracha na Amazônia causaria uma grave crise econômica no país e desempregaria milhares de homens.

Pela façanha, o contrabandista Henry Wickham recebeu um prêmio de setecentas libras esterlinas e o título de Sir, outorgado pela rainha Vitória.

A invasão da Malásia pelos japoneses, durante a Segunda Guerra Mundial, subverteu essa ordem. Como os Estados Unidos não possuíam reservas de borracha, ficaram na dependência do Brasil, único produtor em condições de suprir a demanda para o esforço de guerra.

O caminho encontrado foi celebrar o Acordo de Washington com o governo de Getúlio Vargas, segundo o qual os brasileiros se comprometiam a vender exclusivamente para os americanos produtos estratégicos como alumínio, cobre, café e, sobretudo, borracha. Em troca, receberiam equipamentos para as Forças Armadas, garantia de preços mínimos, gerenciamento e recursos para a extração do látex e obras de infraestrutura, durante os cinco anos de duração do contrato. Os americanos teriam o direito de construir uma base militar no Brasil e o país obteria financiamento para a usina siderúrgica de Volta Redonda.

O acordo, entretanto, esbarrou no abandono reinante dos seringais e na escassez de mão de obra. Calcula-se que o número de seringueiros em atividade nos estados da Amazônia não chegava a 20 mil, ao passo que seriam necessários pelo menos 70 mil. O governo federal criou, então, o Serviço Especial de Mobilização de Trabalhadores para a Amazônia (Semta), financiado pela companhia americana Rubber Development Corporation.

Com sede em Fortaleza, a função do Semta era "alistar, transportar, hospedar, vestir, alimentar, amparar, tratar e defender, por todos os meios, o homem que se entregar aos seus cuidados, a fim de prepará-lo para o trabalho — sadio, forte, produtivo".

Para tornar o recrutamento compulsório mais aceitável, o Semta contratou o pintor e desenhista suíço Jean-Pierre Chabloz, que nem conhecia a Amazônia. Os cartazes que ele criou mostravam paisagens idílicas com árvores, rios, palmeiras, o mapa do Brasil com soldados armados em posição de combate e dizeres ufanistas: "CADA SOLDADO EM SEU LUGAR", "BRASIL PARA A VITÓRIA", "RUMO À AMAZÔNIA, TERRA DA FARTURA", "VIDA NOVA NA AMAZÔNIA".

Assolados pelas secas periódicas no Nordeste, que deixavam a população na miséria, muitos se iludiram com as campanhas publicitárias, que prometiam salários altos, aposentadorias como militares, 60% do valor das vendas do látex, apoio logístico, moradia, retorno para a terra natal cinco anos depois, no término do contrato, e com o apelo ao patriotismo no combate aos inimigos da pátria. A eles era oferecida a opção de ou lutar na guerra na Europa, ou servir como soldado da borracha. Os que não se apresentavam como voluntários eram caçados por todos os cantos, como aconteceu com o pai de seu Bonifácio.

Levados dos interiores dos estados nordestinos para Fortaleza, os futuros soldados vinham predominantemente do Ceará, devastado pela grande seca de 1942. Deixavam mulher, filhos, pais e mães desamparados. Em Fortaleza, eram embarcados em navios que os transportavam para Manaus e Belém do Pará, portos a partir dos quais seriam distribuídos pelos estados amazônicos.

Seu João, que conheci na periferia de Santa Isabel do Rio Negro, contou que sua avó, no interior do Ceará, ao ver o filho sendo levado, agarrou-se a ele na escada do navio:

— Sou viúva, ele é meu único filho. Vou junto. Se levarem ele sem mim, eu me mato agora. Melhor morrer de uma vez do que um pouco por dia.

Puxou uma faca pontuda escondida na cintura, para dar força às palavras.

— O comandante ficou com pena e deixou minha avó embarcar com o meu pai. Ficaram os dois juntos na floresta até a morte dela.

Calcula-se que cerca de 60 mil jovens tenham sido forçados a abandonar suas famílias entre 1943 e 1945.

Por meio do acordo com os Estados Unidos, Getúlio Vargas acreditava resolver três problemas: voltar a produzir borracha, preencher o vazio demográfico nos estados do Norte e reduzir o impacto da fome provocada pelas secas nordestinas. Em contrapartida, os americanos receberiam borracha e outros materiais, além de ganharem acesso à Amazônia, região que consideravam de interesse estratégico.

Ao chegar ao destino final, cada homem recebia um kit básico com calça de mescla azul, camisa de morim branco, chapéu de palha, par de alpargatas, caneca de flandres, prato fundo, talher, rede para dormir, um maço de cigarros e um saco de estopa.

Entregues na beira dos rios aos coronéis de barranco, que se diziam proprietários dos seringais, os soldados da borracha assinavam contratos fraudulentos que os obrigavam a comprar dos coronéis gêneros de primeira necessidade, a espingarda, as ferramentas e tudo o que fosse necessário para a alimentação, uma vez que eram proibidos de plantar roças. A partir dali, o Estado brasileiro lavava as mãos. As promessas de moradia, assistência técnica e aposentadoria como sargentos do Exército foram esquecidas.

Repetiam-se o modelo e a estrutura socioeconômica vinda do passado e que se mantém até hoje nas áreas mais remotas: salários ínfimos, preços extorsivos, semiescravidão. Endividados com os patrões, os homens não conseguiam sair dos seringais. Os que ousavam fugir eram perseguidos e capturados pelos capitães do mato ou então assassinados, para que os corpos atirados ao rio servissem de exemplo.

Aquela gente não estava adaptada à vida em florestas tropicais infestadas por insetos transmissores de febres desconhecidas, animais ferozes, cobras e outros perigos. A febre amarela e a malária, que na época provocavam mais de uma morte por dia em Manaus, fizeram inúmeras vítimas. O beribéri, deficiência de tiamina (vitamina do complexo B) resultante de uma dieta baseada em alimentos enlatados e carboidratos, agravada pelo consumo excessivo de álcool, causava cardiopatias, a principal causa de morte súbita daqueles jovens.

Seu Armando, paraibano que foi designado para uma área num igarapé, a duas horas de viagem de Barcelos, descreve como era o café da manhã:

— Ali, na nossa colocação, todo mundo acordava no escuro. O café da manhã da maioria era um copo desses de risquinho cheio de cachaça, e mais nada. Íamos para o seringal com energia para trabalhar até a hora do almoço.

Doenças, ataques de onças, jacarés, picadas de cobras e escaramuças com povos indígenas que reagiam à chegada dos estranhos explicam os altos índices de mortalidade dos seringueiros. O Sindicato dos Soldados da Borracha do Acre calcula que 35 mil trabalhadores perderam a vida nas matas. A título de comparação: dos 25 mil soldados brasileiros enviados para os campos de batalha italianos, na Segunda Guerra Mundial, 2700 foram feridos e 467 morreram.

Quando terminou a guerra, aqueles que o governo brasileiro considerara defensores heroicos dos ideais da pátria foram abandonados nas florestas da Amazônia. A promessa de que seriam trazidos de volta era outra mentira: dos 60 mil soldados da borracha que chegaram à região, apenas 6 mil conseguiram retornar para suas famílias, ainda assim por conta própria. Os que sobreviveram precisaram se adaptar à vida ribeirinha e, com seus descendentes, fizeram a ocupação desordenada da região Norte. Hoje estão integrados à demografia local, embora os mais velhos não tenham se esquecido das raízes nordestinas. Aos 65 anos, seu Siqueira, que vivia com a família numa casinha à beira de um igarapé às margens do rio Cuieiras, dizia:

— A melhor farinha do Brasil é a da minha terra, o Ceará.

Filho de um soldado da borracha cearense, seu Siqueira nasceu e sempre morou à beira do Cuieiras.

Em 1945, com a queda de Getúlio Vargas, o novo governo considerou não ter a obrigação de saldar os compromissos assumidos com os soldados da borracha. Apenas em 1988, os sobreviventes que conseguiram provar ter feito parte desse contingente passaram a receber uma pensão vitalícia de dois salários mínimos.

A jararaca

Eu estava no alpendre de uma casinha construída numa rua de terra da periferia de São Gabriel. Quando bati palmas junto à porta, o dono da casa veio me receber.

Era Antônio, um rapaz da etnia Desana:

— Já tinham avisado que o senhor vinha. A minha prima está acabando de se arrumar. Senta, por favor.

Entrou uma moça indígena de pouco mais de trinta anos, o rosto bronzeado de sol. Vestia uma calça florida e uma camiseta sem alça.

Hilda levantou a calça para mostrar a cicatriz que se estendia pela panturrilha, do joelho ao tornozelo. A perda de parte da musculatura tinha deixado sua perna bem mais fina.

Ela apontou para o tendão de aquiles:

— Picou neste ponto aqui.

— Que cobra era?

— Jararaca.

— Dor forte?

— Muito forte.

— Já tinha sentido dor assim?
— Nunca. Fiquei até tonta na hora.
— Onde você estava quando foi picada?
— Na roça, sou agricultora.
— Perto da sua casa?
— A duas horas de canoa.
— Canoa a remo?
— Eu sou pobre, não tenho dinheiro para comprar motor.
— Como você aguentou remar duas horas seguidas com tanta dor?
— Fazer o quê? Se ficasse sozinha ali, ia morrer.
— E na aldeia, demorou para chegar o resgate?
— O helicóptero levou dois dias para vir me buscar.
— E o ferimento?
— Doía muito, latejava. Inchou bastante a perna e o pé ficou preto de sangue.

Levada para São Gabriel, Hilda foi encaminhada para o Hospital de Guarnição de São Gabriel da Cachoeira, uma unidade regional do sus administrada pelos militares do quartel.

Os cirurgiões lavaram demoradamente a ferida e retiraram o tecido necrosado. O pós-operatório exigiu tratamento prolongado com antibióticos. Não obstante, foram necessárias mais duas cirurgias para evitar a perda da perna.

— Ainda bem que não amputaram, tive mais sorte do que o meu primo.

Na cadeira ao lado, Antônio, o primo que nos ouvira em silêncio, falou pela primeira vez:

— Também fui picado na perna pelo mesmo tipo de cobra. É dor de dar desespero, o veneno preteja tudo e faz inchar. Não dá nem pra relar o pé no chão.

No caso dele, o resgate demorou mais:

— O avião só veio depois de uma semana. Quando entrei no hospital, doía tanto que fiquei contente quando amputaram.

Levantou a calça. Era uma prótese antiga de material plástico que imitava a cor da pele. A última vez que eu tinha visto uma dessas fora no meu internato hospitalar, num passado remoto.

Enquanto conversávamos, uma menina de cerca de três anos, com vestidinho azul, entrou e subiu no colo da mãe. Perguntei como ela se chamava. Quando eu disse que Larissa tinha olhos tão lindos quanto o nome, a mãe sorriu pela primeira vez.

Apesar da sequela que deixou a perna sem boa parte da musculatura, Hilda conseguia andar com passos equilibrados, embora lentos e claudicantes.

Entre as cirurgias, os antibióticos na veia e as sessões de fisioterapia, ela estava na cidade havia três meses. Por sorte o primo morava lá.

— Como vai ser sua vida de volta à aldeia?

— Não sei, tá difícil, sou sozinha com a minha filha. Com a perna desse jeito, não vou ter condição de voltar para a roça. Como vou comprar sabão, sal, comida, todas essas coisas?

Quando fiquei em pé para sair, Larissa levantou os olhos para mim:

— Não vai embora. Fica com a gente.

Muito triste

— Fui eu mesma que tirei a corda do pescoço. Para mim era uma criança ainda, só catorze anos.

Conversávamos no pátio da escola pública em que a filha estudara, sentados num banco. Era uma mulher de ascendência Desana com cerca de quarenta anos, moradora de São Gabriel da Cachoeira.

A conversa não poderia ter sido mais triste.

— Uma menina alegre, sorridente, brincalhona, não era dessas trancadas no quarto o dia inteiro.

Impressionado com as histórias que ouvi e com as taxas de suicídio entre indígenas e seus descendentes em São Gabriel da Cachoeira, voltei à cidade em 2019 para gravar uma série para a internet. Esse trabalho deu origem a dois episódios da série *Drauzio em campo: Amazônia*, exibido em nosso portal de saúde no UOL e no site da Unip, que cobriu os custos do projeto.

O rosto da mãe era a personificação da tragédia recente.

— Se um dia me passasse pela cabeça uma coisa dessas, ela seria a menor preocupação entre os meus quatro filhos.

A partir do ano 2000, os relatos de suicídios em São Gabriel e em Santa Isabel do Rio Negro chamaram a atenção dos moradores. De 2004 a 2006, o número de casos entre os Tukano e os Hupda aumentou tanto na área urbana quanto no interior dos dois municípios. Em 2006, as mortes duplicaram em relação às do ano anterior.

Com taxas muito mais altas do que a média nacional, São Gabriel se tornou o município com a maior prevalência de suicídios do Brasil. Mais da metade das tentativas e das mortes ocorreu na faixa etária dos quinze aos 25 anos, com vítimas do sexo masculino. Cerca de 80% ocorreram por enforcamento no próprio domicílio.

Embora os Hupda componham uma população menos numerosa que a dos Tukano, entre eles houve o dobro de mortes. Depois dos Hupda, as etnias mais atingidas foram a dos Tukano e a dos Baré. As taxas de suicídio têm crescido também do lado colombiano da fronteira, especialmente na cidade de Mitú. Recentemente, ocorreram casos ainda em Maturacá, Terra Yanomami.

Alguns povos do interior da floresta são menos habituados à nossa língua e aos nossos costumes, como é o caso dos Hupda e dos Yuhupde. Para eles, a convivência é mais traumática, como explicou Américo Socot, da etnia Hupda, na época com 47 anos e que morava na cidade havia sete anos.

Nossa conversa foi na sede do ISA de São Gabriel em 2019:

— Da minha aldeia até aqui, a viagem gasta uma semana com o motorzinho rabeta. Ele chega, não consegue resolver os problemas dele, fica triste, não tem dinheirinho pra voltar pra casa, passa fome, aí bebe, bebe, bebe. Quando vira louco, perde a cabeça, inteligência limitada, acabou a vida. Fica suicida.

Quando voltei ao ISA de São Gabriel em 2023, soube que Américo tinha falecido. Havia caído da canoa nas águas do rio Negro.

A professora Cleidiana da Silva, que leciona na Escola Estadual Irmã Inês Penha, estabelecimento em que aconteceram diversas mortes, conta que, ao perceber a queda no rendimento escolar da menina de catorze anos, descrita pela mãe como sorridente e brincalhona, chamou-a para perguntar se ela precisava de ajuda:

— Você tirou zero. Vamos fazer outra prova. Ela apenas sorriu. Foi aí que eu vi os cortes alinhados nos dois pulsos. Ainda estavam sangrando.

— Adolescentes que se cortam são frequentes na escola?

Cleidiana responde que houve entre quarenta e cinquenta casos. Por muito pouco ela mesma não perdeu a filha.

Somente nessa escola em que a professora leciona, ocorreram treze suicídios entre 2005 e 2006. Ela não encontra explicação:

— Nos cinco anos em que dou aula aqui, perdi dois alunos. Não sei o que aconteceu, talvez eles bebessem ou usassem droga, não sei, mas em sala de aula eram participativos, tiravam notas boas.

A coordenadora do Departamento de Adolescentes e Jovens Indígenas da FOIRN, Adelina Veloso, filha de indígenas Tukano, fala das famílias que migraram das aldeias para São Gabriel:

— Sei que sou indígena, procuro respeitar as tradições da família, a mesma alimentação, mas não sei falar a língua nem manter o mesmo estilo de vida.

Ela considera que a falta de perspectivas é a principal causa de tantas mortes:

— Todo jovem quer progredir na vida, ter emprego, salário, mas aqui faltam oportunidades, o próprio governo municipal não ajuda. Muitos se queixam: "Meus pais me cobram o trabalho, mas não tem emprego, não consigo ajudar minha família, tenho que ser dependente deles. Assim não dá vontade de viver".

— E o que vocês da FOIRN fazem para ajudar?

— Uma rede de comunicação que funciona aqui é a radiofonia, todo mundo escuta.

Adelina me levou para uma entrevista na rádio comunitária Wayuri. Em torno de uma mesa, a professora Claudia Ferraz nos aguardava com cinco adolescentes. Perguntei que explicações eles tinham para tantos suicídios. Algumas foram:

— A diferença da vida na cidade é muito grande. Nos povoados e nas aldeias, as atividades são as tradicionais, todos vivem do mesmo jeito. Aqui, para sobreviver a pessoa precisa de dinheiro, se você não tem você não vale nada.

— Não é só emprego que falta, mas acesso à educação. Para fazer um curso superior, é melhor ir embora da cidade, mas como vai se sustentar sem ter parentes em Manaus?

— Na cidade, a gente fica mais sujeito à violência física e psicológica. As meninas correm mais risco de abuso sexual.

— Eu acho que o maior problema é o álcool e as drogas. Perdi dois amigos. Os dois beberam para ganhar coragem de se pendurar.

Sentado na cadeira em frente à minha, o mais jovem, um rapaz ainda imberbe, fez o comentário mais dramático:

— Os jovens se sentem abandonados. Não sabem o que fazer em momentos de desespero. Eu fui um desses, tentei uma vez no ano passado.

— Que idade você tinha?

— Catorze anos. Estava sofrendo bullying, era muita dor pra mim, e eu não podia falar para a minha mãe. Peguei a corda e tentei, mas não consegui.

Quando terminamos, Adelina e eu saímos.

— Eles parecem tão desesperançados — comentei.

— Eu acredito bastante na mudança. O olhar deles me encanta.

No igapó

O dia amanhecera nublado, com o rio no auge da cheia. Nenhuma nesga de praia à vista, as águas penetravam fundo a floresta, formando um igapó em que a luz entrava com dificuldade.

Terminado o café da manhã no *Escola da Natureza*, a equipe desceu para a voadeira com o podão, o GPS, os sacos e os demais equipamentos de coleta. Wilson Malavazi e eu entramos na outra voadeira, ele no leme, eu no banco da frente.

Quando passamos por uma área de árvores mais grossas, pedi para vermos o interior do igapó; alcançaríamos o grupo à frente quando eles parassem para coletar.

Navegar no seio da mata virgem é experiência inigualável. Entre troncos esguios e outros que dois homens de mãos dadas não conseguem abraçar, há árvores caídas, cipós que sobem pelos caules até atingir o dossel, altura apropriada para lançar ramagens com folhas ricas em clorofila, para expô-las às radiações solares, à custa das quais farão a fotossíntese essencial à sobrevivência. Outros cipós percorrem o caminho inverso: germinam nos galhos mais altos, levados no aparelho digestivo dos pássaros que ingeriram suas sementes, lançando de lá raízes aéreas que pendem até se fixar no solo, de onde extrairão nutrientes.

Ao passar pelas copas mais baixas, há que tomar cuidado com os galhos secos e com os espinhos das bromélias que resvalam na voadeira e ficar atento ao perigo dos tufos de capim-navalha concentrados nos arbustos que crescem nas encostas. Parecido com o capim comum, ele se enrola nos braços e nas mãos que o tocam e rasgam a pele.

Ambiente quente e úmido protegido da ação direta do sol, o igapó é uma estufa natural para bromélias e samambaias, e para manter a diversidade das orquídeas agarradas a troncos e galhos. É uma profusão delas: algumas têm flores miúdas agrupadas, outras isoladas ou em cachos pendentes, amarelas, brancas, roxas, vermelhas, de múltiplas tonalidades, dispostas espacialmente a exibir seus órgãos sexuais de modo a atrair os olhares e o olfato dos insetos polinizadores.

Wilson é muito hábil com o leme nas voadeiras. Não é fácil desviar de tantos obstáculos em espaços tão exíguos; a tarefa exige manobrar em zigue-zague o tempo todo, para os lados, para a frente e para trás. Trombar com uma árvore grande ou com um tronco submerso pode causar acidentes tão perigosos quanto um choque de veículos na cidade.

Para evitá-los, é necessário manter o olhar fixo naquele labirinto, sem se esquecer da vegetação, da possibilidade de encontrar cobras enroladas nos galhos baixos e de esbarrar em colmeias de abelhas e vespas. Ataques desses insetos podem provocar reações alérgicas fatais. Anos antes eu tinha vivido essa experiência em outro igapó e não gostaria de repeti-la.

Daquela vez, éramos seis numa voadeira. Ao leme, Antônio Carlos, marinheiro experiente do *Escola*, nascido e criado às margens do rio Negro.

Numa manobra de rotina para desviar de um galho que obstruía a passagem, a voadeira bateu num arbusto à direita. Colisão insignificante, não fosse pelo zumbido ao qual deu origem. Um enxame de abelhas veio para cima de nós. Na tentativa de espantá-las, alguns se levantaram e o barco ameaçou virar. Uma abelha entrou no meu ouvido. Ao tentar expulsá-la, tomei uma ferroada na ponta do dedo, acompanhada de umas vinte ou mais no rosto, no pescoço e nos braços. A dor, o zumbido enlouquecedor e os embates da abelha prisioneira na membrana do meu tímpano, sem que eu conseguisse desalojá-la, me lançaram num desespero difícil de controlar. Impossível não lembrar na hora dos relatos de morte em ataques semelhantes. A única salvação seria me atirar na água.

Desequilibrado na voadeira oscilante, eu já estava tirando o tênis quando a zoada arrefeceu. Ao mesmo tempo, a abelha presa em meu conduto auditivo conseguiu se libertar. Os companheiros que estavam no banco da frente foram os mais castigados. Um deles teve inchaço no rosto e febre alta à noite — precisei lhe aplicar uma injeção de cortisona para que ele conseguisse abrir as pálpebras.

Desta vez, quando pedi ao Wilson para entrarmos no igapó, o ambiente estava invadido por uma neblina tênue que se refletia e dava a impressão de emergir da água escura, um cenário mágico que nenhum de nós jamais tinha visto.

Quando nos deparamos com uma árvore enorme com raízes tabulares que emergiam da superfície, Wilson achou melhor retornarmos. Pedi que só déssemos uma volta em torno dela — estava a menos de vinte metros de nós —, e foi o que ele fez.

Saímos do outro lado, mas depois de alguns metros tive a impressão de que não havíamos entrado por ali. Ele concordou:

— Acho que perdi a saída por onde a gente entrou.

Com a visão embaçada pela neblina, seguimos em zigue-zague entre os troncos, as ramagens e o cipoal. Tínhamos levado menos de cinco minutos para chegar até a árvore que me chamara a atenção e agora estávamos sem encontrá-la havia pelo menos quinze. Wilson resolveu tentar pelo lado direito. Não deu certo. Pelo esquerdo também não; fomos para a frente e para trás.

Quando parecia estarmos na direção certa, reconhecíamos árvores pelas quais já havíamos passado mais de uma vez. A esperança de avistar a de raízes tabulares onde tínhamos nos desviado ficava distante. Foi então que entendi o significado da expressão "inferno verde".

Ir para a frente ou para qualquer lado dava na mesma. Fiquei com medo. Perdidos naquele igapó impenetrável, quem nos encontraria? Mateus e o pessoal da equipe sairiam atrás de nós, mas como nos achariam sem saber que tínhamos entrado naquele igapó? Nenhum helicóptero ou avião conseguiria nos localizar encobertos pelas copas de tantas árvores. Procurei não demonstrar esses temores para não contaminar o espírito do meu parceiro. É provável que ele tenha feito o mesmo, porque íamos calados. Só nos dirigíamos um ao outro para dizer "Por aqui já passamos".

Quando já havíamos completado uma hora de idas e vindas como baratas tontas, tomei coragem para fazer a pergunta que me atormentava:

— Como está o combustível?

— Ainda temos um pouco.

Paradoxalmente, imaginar que a situação poderia ficar pior me acalmou. Nem tudo estava perdido. Sem combustível e sem pressa, daríamos um jeito de nos esgueirar entre as árvores, empurrando a voadeira com o remo e com as mãos apoiadas nos troncos por quantos dias fossem necessários; água para evitar a desidratação não nos faltaria. A iminência da tragédia inevitável apavora menos do que pensar na possibilidade dela.

De repente, Wilson desligou o motor. Achei que era o fim da gasolina. Ele se virou para mim:

— Você não acha que na nossa frente a floresta está um pouco mais clara do que para os lados?

Ele tinha razão. E foi perseguindo a claridade que voltamos ao leito do rio Negro e à cerveja deliciosa que tomamos no convés do *Escola da Natureza*.

Ascensão e queda de Airão

— É um fantasma, com as casas e a igrejinha em ruínas sufocadas pelas garras da floresta.

A frase de Edelson, o primeiro comandante do *Escola da Natureza*, descrevia Velho Airão, a cidade abandonada que visitei pela primeira vez em 1995.

Embora haja controvérsias, é provável que o povoado tenha sido fundado pelos padres missionários em 1694, com o nome de Santo Elias do Jaú. Por sua localização na confluência dos rios Jaú e Negro, a 250 quilômetros de Manaus, os religiosos formaram ali um aldeamento de indígenas Tarumã, habitantes da região.

Foi a primeira povoação do rio Negro — Manaus e Barcelos ainda não existiam. De acordo com o historiador Victor Leonardi, autor de *Os historiadores e os rios*: "Foi um período de relativo isolamento e autonomia para os Tarumã, pois a presença dos padres [era] relativamente pequena".

Leonardi continua:

Como todos os aldeamentos missionários, começavam invariavelmente em torno do levantamento [...] de uma grande cruz, seguido, com o passar do tempo, da construção de alguma capelinha, é quase certo de que isso também tenha se passado em Santo Elias do Jaú [...] logo após sua fundação.

Era uma boca de sertão, a povoação portuguesa mais remota do rio Negro. Com a economia baseada no extrativismo à custa da mão de obra indígena e o trabalho de catequese conduzido pelos missionários, o povoado cresceu lentamente. Nas primeiras décadas do século XVIII, chegou a ter uma igreja de pedra e ruas com alguns sobrados, onde moravam comerciantes brancos.

Frei Vitorino Pimentel, que passou alguns dias entre os Tarumã aldeados em Santo Elias do Jaú, escreveu: "Neste rio está uma fortaleza, logo à entrada da mão direita, e é a última e mais longínqua que temos em todo o sertão, a qual se fez a fim de impedir o comércio que os holandeses de Suriname tinham com os habitadores daquele rio, que ainda hoje continua da mesma sorte".

A ameaça geopolítica holandesa justificava o interesse da Coroa portuguesa em manter um posto avançado naquelas paragens. Em 1759, a aldeia foi elevada à categoria de lugar, com o nome de Airão, em obediência à ordem de Mendonça Furtado, irmão do marquês de Pombal, de atribuir às aldeias e cidades amazônicas nome de cidades ou autoridades portuguesas.

No século XVIII, as guerras prolongadas que os portugueses conduziram contra os Manao, os Tarumã e os Baré, povos do Baixo Rio Negro, provocaram o êxodo continuado dos indígenas: os Tarumã subiram o rio Branco para se refugiar na Guiana e os Baré emigraram para o Alto Rio Negro, indo parar na Venezuela. Sob a liderança do cacique Ajuricaba, os Manao ainda resistiram por alguns anos nas imediações de Barcelos, mas acabaram extintos pela sucessão de ataques comandados pelos portugueses.

Como aconteceu com a maioria dos povoados da região, Airão empobreceu a partir da segunda metade do século XVIII. Segundo Leonardi: "O comércio estava estagnado, o extrativismo era mínimo, os transportes eram precaríssimos, a vida cultural e religiosa já não tinha nada a ver com os tempos anteriores, quando na antiga Santo Elias do Jaú comemorava-se a festa do Divino Espírito Santo 'com riqueza e pompa'".

As festividades duravam nove dias. Além dos habitantes do povoado, atraíam os moradores dos igarapés das cercanias, que chegavam com a família inteira em embarcações a remo, para armar suas redes na periferia do povoado.

As autoridades portuguesas que visitaram Airão na segunda metade do século XVIII atribuíam o empobrecimento do lugar às sucessivas fugas dos indígenas para a margem oposta do rio, sem, no entanto, fazer nenhuma referência às razões que os levavam a fugir: a escravidão, os maus-tratos impostos pelos colonizadores e as condições desumanas em que viviam.

Leonardi considera o despovoamento o principal motivo da decadência da região:

> Quando não podia contar com o trabalho indígena, o branco colonizador não encontrava solução a não ser a importação de escravos africanos. Trabalhar com suas próprias mãos a terra amazônica ou dela extrair com os próprios braços os produtos naturais [...] era coisa que não passava pela cabeça da quase totalidade dos portugueses residentes no Brasil. Afinal o regime colonial fora implantado justamente para isso!

E prossegue:

> Não era a civilização que Portugal trazia para o Negro e o Solimões [...]. Era a escravidão, a deculturação e, em casos extremos, a morte. Os missionários que ousaram contrariar essa política escravizadora de índios foram presos e deportados, como o [padre] Antônio Vieira, no século XVII.

Além da violência das operações de descimento, contribuíram para o despovoamento as epidemias de doenças infectocontagiosas trazidas pelos brancos. A varíola foi a mais devastadora, mas sarampo, beribéri e febres desconhecidas se alastraram pela população indígena, despreparada imunologicamente para se defender delas.

Frei Laureano de la Cruz descreveu, em 1648, uma epidemia de varíola na região: "Somente a mim foi servido Deus que não tocasse, andando como andei entre aqueles miseráveis empestados de enfermidade tão pegajosa e tão asquerosa, que o simples ver o estado miserável dos enfermos e o seu mau cheiro bastavam para matar".

Um senhor de idade da etnia Baré, que conheci numa beirada de rio, nas proximidades de Moura, parte média do Negro, me disse:

— Quando a varíola chegou na comunidade, vários caíram. Minha mãe juntou os cinco filhos, as redes, as panelas e fugimos para o mato; ficou só o meu pai, doente, sem forças para levantar da rede. Com a pouca comida que a gente conseguiu levar, minha mãe preparava uma refeição por dia pra ele. Como eu era o mais velho, ia com ela até a aldeia. Ela ficava de longe, eu punha a comida e uma cuia com água do lado da rede e saía correndo. Nunca mais esqueci da última vez que vi o rosto dele, inchado, deformado de tanta ferida.

A família só teve coragem de retornar à aldeia deserta depois de algumas semanas:

— Fizemos uma fogueira embaixo da rede com o corpo, para ter certeza que a praga tinha acabado.

Depois de viver o apogeu na primeira metade do século XVIII, Airão entrou em decadência, da mesma forma que povoações próximas como Carvoeiro e Moura, ao lado de muitas outras pela Amazônia inteira.

Cerca de cem anos depois de fundada, sem poder contar com a mão de obra indígena nem com africanos escravizados, muito caros para as elites locais, Airão se tornou um lugar pobre e isolado, perdido no meio da floresta.

Conforme relata Leonardi, as décadas seguintes não trouxeram paz às populações originais: "Os habitantes do Velho Airão durante várias gerações nasceram e cresceram dentro de um clima muito tenso de beligerância interétnica. [...] O colonialismo interno de opressão das sociedades tribais, praticado por brasileiros, foi em tudo semelhante ao colonialismo ibérico".

Em 1848, o cônego Fernandes de Sousa foi testemunha da mesma realidade: "Achando a pobre gente indiana o seu recurso na fugida, dispersou-se, bem como a poeira o é pelo vento rijo, encontrando-se uns nos matos, outros na comarca do Pará, a buscar asilo à sua desgraça".

Quando o naturalista alemão Johann Baptist von Spix passou por Airão em 1819, descreveu-o como um lugar paupérrimo, "com apenas umas trinta palhoças miseráveis".

Formigas-de-fogo

O advento dos barcos a vapor começou a quebrar o isolamento de Airão.

Em 1854, por iniciativa de João Evangelista de Souza, o célebre barão de Mauá, foi criada uma linha para percorrer o rio Negro de Manaus a Santa Isabel, com escala em Airão. O vapor que saía de Manaus chegava a Airão em apenas um dia, um avanço tecnológico comparado aos três dias que os barcos levavam antes.

A necessidade de madeira para alimentar a navegação ainda provocaria um desmatamento significativo nas margens dos rios e igarapés por cinquenta anos, até o aparecimento dos motores a explosão.

A partir de 1880, entretanto, a centenária estagnação econômica das aldeias do rio Negro seria quebrada pelo ciclo da borracha. O Brasil se tornava o maior produtor mundial de látex.

A demanda por borracha para fabricar pneus e outros artefatos essenciais ao processo de industrialização elevou o preço às alturas no mercado internacional.

Leonardi conta que o primeiro comerciante branco a se estabelecer em Airão foi Francisco José Marques Viana, que negociava com a célebre casa aviadora J.G. Araújo, de Manaus, uma das maiores do Amazonas.

Atraídos pelos preços do látex, outros comerciantes se instalaram em Airão, criando empregos para os migrantes cearenses e paraibanos que fugiam da grande seca de 1887. Entre eles, os irmãos Bezerra, paraibanos de Mamanguape que chegaram na virada do século.

A esperança de uma vida melhor não atraiu apenas nordestinos pobres, mas também comerciantes. Em 1889, havia treze casas comerciais com sede em Airão e sete vapores que faziam a linha Manaus-Airão.

Ao analisar as listas de encomendas feitas à J.G. Araújo pelos habitantes do povoado, Leonardi conclui que a partir de 1885 os pedidos deixaram de ser apenas aqueles necessários à sobrevivência, como sal, farinha, anzóis, açúcar, querosene, machados e outros. Passaram a incluir botas, cerveja, vinhos portugueses, chocolate, xícaras de porcelana e até casimira preta para fraque: "Era tão grande o fascínio que as miragens europeias provocavam no barranco do Airão, que os comerciantes locais deram o nome de Ocidental à principal rua da povoação, ainda visível hoje apesar do mato que a invadiu".

À medida que os nordestinos começaram a ter filhos com as caboclas e as indígenas, a composição étnica dos habitantes mudou. A estrutura do poder local, no entanto, continuava nas mãos dos chamados coronéis de barranco, que comandavam a população com uma combinação de autoritarismo, truculência e paternalismo.

Na segunda década do século XX, com a entrada no mercado da borracha proveniente do Sudeste Asiático, os preços desabaram, provocando uma grande crise e uma reviravolta nas relações sociais e no poder político local. Os seringais começaram a ser abandonados, os migrantes empobrecidos retornaram para o Nordeste, e as falências das casas comerciais se espalharam. De 1920 em diante, o comerciante Francisco Bezerra personificou o poder na região, já que a concorrência tinha praticamente desaparecido. Em 1955, foi criado o município de Airão, com uma área de 54 mil quilômetros quadrados, bem maior do que a Bélgica. De acordo com o historiador Leonardi:

> Ali naquele pedaço do Amazonas, [...] tudo terminou em ruína. Ruína para os índios Tarumã, e ruína também para os paraibanos de Mamanguape — os Bezerra —, com toda a rua Ocidental se recobrindo de verde, como se fosse essa a sua sina. Há um ditado caboclo no Amazonas que diz: "Deus é grande, mas o mato é maior".

Francisco Bezerra, o homem forte do Jaú, coronel de barranco que mandava e desmandava, foi enterrado no cemitério da cidade.

Silva, tripulante do *Escola da Natureza*, ouviu de um senhor de idade que a história de Bezerra não havia terminado no enterro: "Depois de três dias, ele arrebentou o túmulo e se transformou em dragão".

Em 1964, a cidade de Airão foi extinta. A imagem de santo Elias, o padroeiro, foi levada para a igreja de Novo Airão, antiga Tauapessaçu, cerca de cem quilômetros rio abaixo.

Contam que, quando os habitantes de Airão estavam abandonando a cidade, um político local pediu ajuda às autoridades, porque as casas estariam sendo devoradas por um ataque das formigas-de-fogo, conhecidas como *taokas* na língua geral.

Ouvi a história dessas formigas vorazes muitas vezes, não só em Novo Airão como também em várias alturas do rio Negro. Conheço pessoalmente essas formigas, mais de uma vez experimentei a dor de ser picado por elas na floresta; posso testemunhar que a referência ao fogo é merecida.

O etnólogo alemão Theodor Koch-Grünberg, do Museu Etnológico de Berlim, autor do livro *Dois anos entre os indígenas*, no qual relata sua primeira viagem ao noroeste do Brasil, realizada de 1903 a 1905, assim descreve um ataque de formigas que presenciou à beira do rio Negro:

> Certo dia, uma visita maciça de formigas migrantes (*Eciton* spec.) causou uma excitação cômica no pequeno sítio. Estes enérgicos bichinhos, chamados *tauóka* em língua geral, vieram da selva numa procissão densa e se dirigiram diretamente às casas. Já tinham ocupado um grande armazém, onde estava o depósito de madeira para construções e de espias de piaçaba. Os térmitas (cupins) apavorados abandonaram seus esconderijos. Tínhamos medo de que fossem visitar também as casas residenciais, pois ninguém poderia impedi-las no seu caminho, mas parece que reconsideraram e, fazendo um grande arco, dirigiram-se de novo à selva. Esta invasão às vezes pode ser tão ruim que até as pessoas fogem dela abandonando suas casas, enquanto esses bichinhos se aplicam ao trabalho da limpeza. Comem sem compaixão todos os insetos daninhos, baratas, térmitas, escorpiões, centopeias, até mesmo cobras. Nas minhas viagens posteriores, mais de uma vez, fui obrigado a abandonar, de noite, o meu pouso na selva e passar para o outro lado do rio, para escapar das suas dolorosas mordidas. Dizem que essas formigas em pouco tempo percorrem grandes distâncias na sua procissão irresistível.

O velho e o novo

No início dos anos 1990, Novo Airão era uma cidadezinha de ruas de terra às margens do rio Negro, a 143 quilômetros de Manaus por via fluvial.

Estive lá diversas vezes com o *Escola da Natureza* para coletar plantas das cercanias. Era um lugar calmo durante o dia, ermo depois das oito da noite, conhecido pelos barcos construídos nos estaleiros à beira do rio.

São encantadoras essas embarcações amazônicas em formato de gaiola, erguidas numa base chata, sobre a qual se levantam dois ou três andares. O casco, a cabine de comando e as laterais são pintados de branco, enquanto as grades e as portas dos camarotes são de cor azul ou verde e, por vezes, marrom ou vermelho. À noite, as luzes e as redes penduradas nas traves do teto enchem o convés de cores vivas.

São barcos com estabilidade, porque sua base larga os torna resistentes para enfrentar ondas que podem alcançar três ou quatro metros de altura nas grandes tempestades, quando os ventos punem os que se aventuram em águas revoltas.

Perdi a conta das vezes em que estive na cidade. Depois de um lapso de quase dez anos, voltei duas vezes a Novo Airão em 2024. Mal a reconheci: ruas asfaltadas, avenidas largas, bares, restaurantes, pousadas, o luxuoso hotel Mirante do Gavião, de muito bom gosto, uma oficina de marcenaria com alunos e trabalhos de marchetaria de alta qualidade, e um barracão construído junto à água, do qual os botos se aproximam, para a alegria dos turistas.

Os botos foram atraídos para esse local por Marisa, uma menina que se divertia levando pequenos peixes para alimentá-los. Cheguei a vê-los algumas vezes. De fato eram tão mansos que não se negavam a nadar com os visitantes. Sem ter a intenção, Marisa criou uma atração turística que trouxe fama para a cidade.

Recentemente, por maldade, alguém atirou uma zagaia num dos botos e a lança penetrou por trás do olho esquerdo. Na fuga desesperada, o boto nadou com tanta força para escapar da lança que arrebentou o cabo de madeira da zagaia, que o malfeitor segurava. Infelizmente, a parte metálica permaneceu espetada junto ao olho do animal.

Dois ou três dias depois, Marisa e o marido, Acrislam Moura, que trabalha como barqueiro, souberam que o boto ferido tinha sido visto com a zagaia na cabeça lá para os lados da comunidade de Santo Antônio, a cerca de vinte quilômetros de Novo Airão. O casal o encontrou lá, com a ponta da zagaia ainda enterrada junto ao olho esquerdo. Marisa se debruçou na voadeira e mergulhou o braço na direção dele. O marido teve certeza de que ela foi reconhecida:

— O boto encostou na lateral da voadeira, quietinho, sem tirar os olhos dela, enquanto ela acariciava o corpo dele.

Marisa percebeu que o animal quase não conseguia abrir a boca, limitação que o impedia de se alimentar.

Com paciência, cortou um peixe em pedaços miúdos, para introduzi-los com cuidado na boca entreaberta, operação que ela repetiu várias vezes por cinco dias consecutivos, enquanto aguardavam a equipe do Ibama vir resgatar o animal ferido.

No dia em que o socorro chegaria, o boto apareceu para buscar os pedaços de peixe com Marisa, no mesmo horário dos dias anteriores. Para a surpresa do casal, a zagaia, que penetrara tão fundo, tinha caído espontaneamente.

— Como pode ter acontecido? — perguntei para Acrislam.

— Nesse rio acontece tanta coisa estranha, que eu aprendi a não procurar explicação.

Depois disso, o boto nadou de volta para o mesmo local em que sempre viveu em Novo Airão.

Em 2024, contratamos Acrislam e o pai, seu Acrísio, para nos levar às ruínas de Velho Airão, cerca de cem quilômetros rio acima. Eu tinha estado lá três vezes, a última dez anos antes. Voltei porque tinha ouvido dizer que o lugar estava para ser tombado pelo Patrimônio Histórico.

Junto à margem do rio Negro, havia uma placa presa numa haste de ferro com os dizeres RUÍNAS DE AIRÃO VELHO. Era o único sinal de que alguém se preocupara com o local em que um dia floresceu um povoado de importância histórica. O que sobrara estava ainda mais arruinado do que eu tinha visto da última vez.

Há vinte anos, quando conheci as ruínas, ainda existiam restos de telhados, pedaços de telhas e azulejos portugueses caídos no chão. Agora a floresta havia retomado o que fizera parte de seus domínios antes da chegada dos padres fundadores de Santo Elias do Jaú.

Árvores altas com troncos de mais de meio metro de diâmetro tinham crescido no interior das construções, paredes ainda resistiam graças à providência de terem se escorado nos caules e se agarrado às raízes que subiam por elas. A vegetação densa poupara o trajeto da rua Ocidental, invadido apenas por plantas rasteiras, pequenas palmeiras e folhas secas, entre as paredes grossas forradas de musgos que teriam pertencido às casas das famílias dos comerciantes mais ricos.

Ainda em pé, lá estavam o pórtico majestoso com três arcos altos que servia de porta de entrada do povoado e as paredes laterais do armazém em que eram efetuadas as vendas de látex, castanhas, sorva e piaçaba colhidas na floresta em troca de mercadorias essenciais para o cotidiano dos moradores. No chão, no piso junto à entrada, sobrevivia um quadrilátero de lajotas com desenhos geométricos resistentes às inclemências do tempo.

No meio das raízes, da folhagem e dos cipós entrelaçados, continuavam em pé os arcos das portas da casa dos Bezerra, família que dominou a cidade na maior parte de sua existência.

Os fragmentos de azulejos portugueses e os pedaços de telhas derrubados pelas árvores no interior das residências tinham sido levados. Se o Patrimônio Histórico demorar um pouco mais, não haverá o que preservar.

No cemitério invadido pelo mato, havia algumas covas rasas, outras cimentadas e uma cruz de madeira ou de ferro fincada em cada uma. Numa delas eu li: "Aqui jaz Antônio da Cunha Mendes. Nasceu 10 de março de 1830. Faleceu 25 de novembro de 1887. Lembrança de sua filha". Antônio Mendes foi um comerciante influente na cidade.

Bem no centro da entrada do cemitério, uma cruz de madeira com mais de um metro de altura trazia o nome de dona Maria da Glória Bezerra, filha do coronel de mesmo sobrenome, com a data de nascimento, 25/02/1935, e a da morte, 13/07/2012.

Quando perguntei a seu Acrísio por que o corpo dela estava ali, uma vez que a cidade fora abandonada em 1964, ele, que a conheceu bem, explicou:

— Dona Maria da Glória era uma mulher voluntariosa, fazia questão de ser enterrada no lugar em que nasceu.

A cidade da dor

— É o antigo Leprosário de Paricatuba — explicou Paulo, que pilotava o *Escola da Natureza*.

Voltávamos a Manaus depois de três dias de coleta de plantas nas ilhas Anavilhanas, quando avistei à distância, na margem direita, um casarão imponente abandonado. Era uma construção de pedra quase escondida no meio da vegetação que me passara despercebida nas viagens anteriores. Em Velho Airão não estavam as únicas ruínas do Baixo Rio Negro.

Com a intenção de atrair europeus na época do boom da borracha, o governo estadual construiu uma Hospedaria de Imigrantes no povoado de Paricatuba, para deixá-los em quarentena antes que fossem encaminhados à cidade de Manaus, medida adotada para proteger os manauaras das epidemias de doenças transmissíveis que grassavam na Europa.

A hanseníase, que havia chegado às Américas nos séculos XVI e XVII, foi disseminada na Amazônia numa época em que não havia instalações preparadas para atender os doentes. Aos que não tinham mais condições físicas para trabalhar, a única possibilidade de sobrevivência era viver de esmolas.

A presença de mendigos enrolados em tiras de pano para esconder suas misérias incomodava os transeuntes das ruas de Manaus, que passavam com ternos à moda parisiense, minoria endinheirada graças ao comércio da borracha. A cidade inaugurava restaurantes, hotéis e um teatro decorado com mármores, pinturas e cortinas de veludo vindas da Europa — não ficava bem aquela gente andrajosa no meio das ruas.

A solução encontrada foi interná-los numa ala do Umirisal, sanatório destinado ao isolamento dos doentes com varíola, situado a três quilômetros do centro.

Com o aumento do número de casos de hanseníase ocorrido na década de 1920, houve pressão dos médicos e da sociedade para que se criasse um local onde os doentes pudessem ser cuidados e, principalmente, isolados. Reformar a antiga hospedaria foi o caminho escolhido, embora houvesse restrições da população, assustada com a possibilidade — descabida — de que os pacientes infectassem as águas do rio Negro que abasteciam Manaus, localizada a quarenta quilômetros de distância.

Em 1929, depois de uma ampla reforma da hospedaria deteriorada, que fracassara na tarefa de acolher europeus — eles não se mostraram tão interessados pela Amazônia como se imaginava —, foi inaugurado o Hospital Colônia Vila Belisário Pena, conhecido como Leprosário de Paricatuba, que permaneceria em funcionamento até sua desativação, em meados dos anos 1980.

O hospital era dotado de uma estrutura moderna para a época: um prédio central destinado aos "indigentes", capela, farmácia, cozinha-refeitório, dispensário, lavanderia, laboratório, necrotério, cemitério, luz elétrica e caixas-d'água para armazenar a água bombeada do rio.

A política de saúde vigente para enfrentar a hanseníase se baseava no isolamento compulsório dos pacientes, de modo a impossibilitar seu contato com pessoas "sadias". Eram internados todos os que recebiam o diagnóstico, independentemente do estágio da doença, norma que impunha o mesmo rigor para segregar tanto aqueles com algumas lesões superficiais na pele quanto doentes com feridas abertas pelo corpo todo e deformidades incapacitantes nos braços e pernas, provocadas por acometimento dos nervos periféricos, uma das estruturas mais atingidas pelo bacilo.

O sanitarista baiano radicado em Manaus Alfredo da Mata escreveu naquele tempo: "A pessoa não alimentava esperanças de cura... o leproso estava cercado por uma noite intérmina e sem alvorada".

Nessa primeira visita, fiquei impressionado com a imponência do prédio em ruínas, formado por vários pavilhões, com as paredes das enfermarias, da cozinha e das salas da administração ainda em pé em meio às raízes que escalavam paredes e às árvores que cresceram em seus interiores, algumas com vinte metros de altura. Derrubados pela vegetação, fragmentos de telhas indicavam que sua origem eram olarias de Lisboa, mesma procedência dos restos de piso com desenhos geométricos.

Depois da desativação do prédio, muitos ex-funcionários permaneceram nas casas que ocupavam em volta das instalações. Seus familiares e os descendentes deles formaram ali uma comunidade, hoje com cerca de 4 mil moradores.

Nessa minha primeira visita, conheci seu João, levado compulsoriamente para o sanatório nos anos 1950. Era um homem encorpado, olhos miúdos, meio caboclo nordestino, meio indígena, que trazia nas falhas das sobrancelhas as marcas da enfermidade que definira seu destino:

— Sofri muito. Eu tinha dezessete anos quando apareceram umas manchas avermelhadas nos braços e nas costas. Não dei importância, até uma vizinha que trabalhava no posto de saúde me levar ao médico. Nem voltei para casa, me puseram no barco que vinha para cá. Nunca mais saí. Fiquei oito anos sem receber notícia da família, até que um dia o diretor me chamou para entregar uma carta. Não sei como ela chegou nem lembro quem mandou, acho que foi uma tia.

Eram más notícias:

— Minha mãe tinha morrido, meu avô e minha avó também. Meus irmãos e meu pai deviam morar pelos interiores. Eu estava sozinho no mundo. Pior que eu, só as mães de família que eram internadas aqui sem as crianças. Conheci muitas que nunca mais puseram os olhos num filho.

Seu João trabalhou na enfermaria por mais de vinte anos. Como o número de funcionários era insuficiente, a administração contratava os pacientes em boas condições clínicas para as mais variadas funções, com o estímulo de um salário irrisório.

Ele guarda imagens terríveis das enfermarias em que ficavam acamados dia e noite os doentes mais graves.

— Mulheres, homens e crianças com feridas cobertas com algodão, corpos mutilados enrolados em panos como múmias vivas, com moscas em volta. Não dá pra esquecer.

Em compensação, tem boas lembranças das Damas Protetoras do Leprosário, senhoras da Sociedade Amazonense de Assistência aos Lázaros, que organizavam quermesses para levantar recursos e faziam visitas periódicas aos pacientes: as Caravanas da Caridade.

— Quando elas vinham, traziam presentes para as crianças. Era dia de festa.

A mesma sociedade publicou o livro *A cidade da dor*, de autoria do professor Carlos Mesquita, que mostra imagens chocantes colhidas numa das visitas da caravana a Paricatuba.

Seu João se curou quando surgiram os medicamentos que decretaram o fim do isolamento nos leprosários. Casou e teve cinco filhos, que vivem na comunidade de Paricatuba.

Estive lá duas vezes em 2024. Agora é possível cruzar a ponte sobre o rio Negro que liga Manaus a Iranduba e ir de carro até Paricatuba por uma estrada asfaltada. Como no Velho Airão, encontramos a floresta empenhada em recuperar o território perdido. Ao contrário de Velho Airão, no entanto, as paredes do prédio central e dos antigos pavilhões se mantinham em pé, escoradas nos troncos e nas raízes aéreas que lhes davam sustentação. Parodiando o ditado popular: Deus é grande, mas a floresta é mais forte.

Manaus

Indígenas Manao dominavam as duas margens do Baixo Rio Negro antes do século XVIII. Nessa época, os Tarumã ocupavam as margens do rio de mesmo nome, último afluente do lado esquerdo do Negro. Embora estivessem concentrados no Alto Rio Negro, alguns grupos Baré viviam na parte baixa.

A expulsão dos jesuítas pelo decreto de 1759 do marquês de Pombal abriu espaço para que as tropas de resgate aprisionassem e escravizassem com mais liberdade os indígenas dessa área densamente povoada.

Contra as flechas e zarabatanas dos que ousavam enfrentá-los, os portugueses traziam indígenas de outras etnias, arregimentados com o poder de armas que incluíam até canhões, com os quais bombardeavam as aldeias ribeirinhas que não se subjugassem. Matavam homens, mulheres, velhos e crianças; os sobreviventes eram caçados a laço, agrilhoados e levados para os aldeamentos, verdadeiros currais em que permaneciam à espera dos descimentos para Belém do Pará, cidade em que seriam postos à venda para o trabalho escravo.

Os poucos que escapavam embrenhavam-se nas florestas rio acima, até os territórios da Colômbia e da Venezuela. Com a declaração de guerra que dizimou o povo Manao no século XVIII, a Coroa portuguesa impôs seu domínio na região. De acordo com o padre João Daniel, que passou quinze anos na Amazônia, os indígenas "morriam feito moscas", realidade que os demógrafos da Universidade da Califórnia em Berkeley caracterizaram como "uma das maiores catástrofes da história da humanidade".

A tragédia vivida por esses povos originais foi completamente ignorada pelos brasileiros da época, e assim permanece até o presente.

O curral criado na boca do rio Tarumã forneceu a mão de obra escravizada para os portugueses construírem o Forte de São José da Barra do Rio Negro, na margem esquerda do rio, em 1669. Sua função era deter os avanços dos espanhóis pelo rio Solimões e dos holandeses da Guiana pelo rio Orinoco.

Ao redor da fortaleza, surgiu o Lugar da Barra, povoado predominantemente indígena que em 1856 viria a ser chamado de Manaus, futura capital do estado, situada cerca de vinte quilômetros acima do local em que as águas do rio Negro encontram as do Solimões para formar o Amazonas, o rio mais caudaloso do mundo.

Isolada, perdida no interior da floresta, acessível apenas por via fluvial, Manaus permaneceu um lugarejo indígena pobre, de economia estagnada, oculto aos olhos do país até a segunda metade do século XIX.

Viajantes europeus que visitaram a área nessa época descreveram o Lugar da Barra como um pequeno núcleo indígena, rústico, formado por taperas cobertas de palha e ruas estreitas sem calçamento nem condições mínimas de higiene.

A partir da década de 1860, entretanto, com a valorização da borracha no mercado internacional, as exportações quase triplicaram. Ocorreu uma profunda transformação no cenário urbano e demográfico: o lugarejo de 10 mil habitantes em 1889, sem água encanada nem saneamento, deu origem a um núcleo urbano com 75 mil habitantes em 1920.

Foi o primeiro ciclo da borracha, que, como vimos, trouxe para a cidade seringueiros nordestinos à espera de transporte para os seringais, brasileiros de outros estados e os primeiros italianos, ingleses, alemães, franceses, portugueses, árabes e judeus marroquinos, atraídos pela expansão do comércio e das exportações.

Na virada para o século XX, Manaus já era a segunda cidade amazônica, atrás apenas de Belém do Pará.

Em 1890, tomou posse Eduardo Ribeiro, o primeiro e único governador negro do Amazonas. Na plenitude do primeiro ciclo da borracha, ele promoveu reformas na administração, na arrecadação tributária dos municípios, fundou escolas, modernizou o ensino e a infraestrutura urbana. A mendicância pelas ruas foi proibida, bem como os banhos nos igarapés das áreas centrais, tradição popular que passou a ser considerada "uma imoralidade".

A riqueza trazida pelo látex transformou a aldeia esquecida na mata numa cidade com calçadas de pedras portuguesas, em que o planejamento urbano privilegiou o aterramento de igarapés para a construção de avenidas largas que cortaram a região central, praças, pontes de alvenaria e de ferro avançadas para a época, casarões suntuosos, moradia de comerciantes, seringalistas, exportadores e a elite financeira, tudo construído com material importado da Europa, além de prédios públicos monumentais como o Palácio da Justiça, a Biblioteca Pública, o Mercado Municipal e o Teatro Amazonas, orgulho dos manauaras. Esse ambiente propiciou o surgimento da vida cultural mais rica da Amazônia.

Para a construção do teatro, foi escolhido o Gabinete Português de Engenharia e Arquitetura, que trouxe da Europa artesãos, marceneiros, escultores, pintores e especialistas em trabalhos com ferro. A decoração interna ficou a cargo dos pintores Crispim do Amaral, brasileiro, e do italiano Domenico de Angelis. As paredes de aço vieram de Glasgow, as escadas, as esculturas e as colunas de mármore, de Carrara. Os 198 lustres de cristal foram trazidos da ilha italiana de Murano; e a parte externa da cúpula de aço, com seu interior revestido de cerâmica policromada, foi importada da Alsácia, assim como as 36 mil peças vitrificadas em forma de escama de peixe.

O auditório do Teatro Amazonas tem setecentos lugares e camarotes distribuídos por três andares. No teto do salão nobre, a obra-prima de Domenico de Angelis, *A glorificação das belas-artes na Amazônia*. O pano de boca representa o encontro das águas dos rios Negro e Solimões. Nas colunas da plateia, máscaras homenageiam Molière, Rossini, Mozart, Verdi e o maestro brasileiro Carlos Gomes.

A inauguração aconteceu em dezembro de 1896, com a apresentação da Companhia Lírica Italiana. Depois dela vieram inúmeras companhias líricas e dramatúrgicas da Europa, principalmente da Itália e da França. Diversos espetáculos com artistas brasileiros, apresentados em teatros, cafés e casas de diversão, encantavam a elite manauara e os viajantes hospedados no Grande Hotel e no Hotel Cassina, que só aceitava reservas com seis meses ou mais de antecedência.

Surgiram os primeiros cinemas: Guarani, Politeama, Avenida, Alcazar, Odeon e Rio Negro. A área entre o Teatro Amazonas e o porto, obra-prima da engenharia europeia, concentrava os principais hotéis, bares, cabarés, cassinos e os cafés em que se reuniam escritores, políticos e barões da borracha. Mais de uma vez ouvi que eles acendiam charutos importados com notas de 10 mil-réis.

A elite financeira que detinha o poder sonhou com a construção da "Paris dos Trópicos". O traçado das grandes avenidas, das praças, a reforma do porto, os estúdios de fotografia, os cinemas, a efervescência cultural, os filhos que iam estudar na França, na Inglaterra e na Alemanha, as roupas compradas em Paris que eram mandadas para lavar e passar em Lisboa, tudo o que era consumido vinha da Europa ou dos Estados Unidos, desde a champanhe francesa até o uísque americano e a farinha de trigo.

O escritor manauara Milton Hatoum avaliou essa transformação: "A ilusão do fausto, além de ofuscar a iminente derrocada econômica, estimulou práticas não propriamente requintadas [...], e sim atitudes delirantes eivadas por um sentimento de desmedida". Ele ainda: "A modernidade [...] foi efêmera e para poucos. Essa concepção de um urbanismo planejado e higienizado excluía toda uma tradição cultural dos povos nativos".

Em 1909, o governador da época escreveu sobre os igarapés já aterrados: "Se convenientemente drenados, fariam de Manaus não só a linda princesa do rio Negro, mas ainda uma Veneza mais poética, mais gentil e menos sombria, enfeitada pela luxuriosa vegetação amazônica".

Milton Hatoum acrescenta: "Nessa Veneza que não deu certo, as margens desses pequenos caminhos de água foram ocupadas por palafitas".

A decadência foi um processo iniciado pelo nosso já conhecido Henry Wickham, o botânico com fama de picareta. Nascido na Inglaterra em 1846, numa família de classe média, ele sonhava em ser explorador à moda dos heróis da época do Império Britânico.

Aos vinte anos, viajou para a Nicarágua, depois para a Venezuela, até se instalar no Brasil, onde aprendeu a extrair látex das seringueiras. Deve ter gostado bastante do país, porque convenceu seus familiares a deixar a Inglaterra e vir morar em Santarém, no

Pará, cidade à qual ele e a esposa tinham chegado em 1871. Lá, tentou passar por especialista em borracha, meteu-se em negócios que não deram certo, contraiu dívidas e caiu em desgraça. Para agravar, sofreu vários ataques de malária que por pouco não lhe custaram a vida, sorte que não tiveram a mãe, a irmã e a sogra do irmão.

Depois de várias tentativas fracassadas de negócios, Wickham deu um golpe de mestre: acondicionou 70 mil sementes de seringueira em cinquenta cestos indígenas e convenceu as autoridades alfandegárias do Brasil de que se tratava de amostras para serem estudadas no Kew Gardens, o Jardim Botânico de Londres.

Das 70 mil sementes que Wickham furtou do Brasil, 2900 germinaram na Inglaterra. Aclimatadas, elas foram plantadas principalmente na Malásia, num programa de produção que Wickham pretendia comandar, intenção frustrada pelo diretor do Jardim Botânico londrino, que o julgava pouco confiável. Ainda assim, o aventureiro acabou recebendo o título de Cavaleiro pelos relevantes serviços prestados ao trono.

Dispostas de forma racional nas plantações, as mudas formaram árvores nas quais a extração de látex ganhou escala. As seringueiras do Brasil, espalhadas pela floresta, não tiveram condições de produzir a preços competitivos.

A cegueira de uma elite perdulária que enriquecera com o extrativismo, sem acumular capital nem desenvolver outros ramos de atividade, levou à estagnação econômica iniciada em 1910 e que se prolongou até a década de 1960, quando foi criada a Zona Franca de Manaus. Por meio de isenções fiscais, o parque industrial atrairia mais de quinhentas empresas para a cidade e um número grande de migrantes atrás dos empregos criados por elas.

Assim surgiu a Manaus de hoje, com quase 2 milhões de habitantes, ruas congestionadas, bairros distantes criados sem planejamento nem redes de esgoto, dificuldades de transporte, drogas, violência urbana e todos os problemas de qualquer cidade grande do país.

A cidade flutuante

Até a década de 1940, o traçado urbano de Manaus não sofreu mudanças importantes. Na parte central viviam aqueles com melhores condições financeiras, enquanto os mais pobres moravam em bairros periféricos que permanecem lá até hoje: Educandos, São Raimundo, Cachoeirinha, Vila Mocó, Constantinópolis.

A crise da borracha e a grande enchente ocorrida no estado em 1953 provocaram o êxodo da população rural. Os bairros populares de Manaus incharam e os limites da cidade se alargaram para áreas mais distantes, sem luz, água encanada ou esgoto. As palafitas se espalharam pela beirada dos rios e igarapés.

Quem já entrou em uma palafita conhece a precariedade dessas habitações de madeira construídas sobre estacas a dois ou três metros da superfície da água. A porta de entrada dá acesso a um espaço que serve de sala e a um ou dois quartos com traves para pendurar as redes, separados por divisórias de compensado de madeira, papelão ou por uma simples cortina de pano. A cozinha fica aberta num canto da sala junto à janela e é mínima: um fogãozinho ou fogareiro, um botijão de gás e duas ou três prateleiras com panelas, pratos e talheres. Uma tábua fixada do lado de fora da janela faz as vezes de escorredor das panelas lavadas com a água da caixa-d'água, instalada junto à entrada ou em cima do telhado. Separado da sala de visitas por um biombo improvisado ou por uma cortininha de plástico fica o banheiro. O buraco deixado por uma ou duas tábuas retiradas do assoalho com esse propósito substitui o vaso sanitário.

O escoamento dos dejetos que caem no barranco da margem, em meio a porcos, ratos, galinhas, cachorros vadios e outros animais, ocorre quando as águas do rio sobem, no vaivém de todos os dias. Com as águas altas, as famílias podem tomar banho e as crianças descem para nadar.

A partir da década de 1920, os moradores sem recursos para adquirir terrenos na periferia da cidade começaram a construir casas flutuantes às margens do rio e dos igarapés, seguindo as técnicas tradicionais dos ribeirinhos amazônicos. Uma aqui, outra ali, as construções foram se aglomerando com o passar dos anos. A madeira podia ser conseguida na floresta ou nas serrarias que desprezavam as partes sem valor comercial. Mais tarde, nos próprios flutuantes foram montadas duas serrarias grandes, que jogavam no rio as sobras para quem quisesse aproveitá-las.

Em geral, os troncos grossos que serviam de boias para a construção eram de açacu, madeira leve capaz de resistir por décadas à ação da água. A depender das dimensões da casa a ser levantada, podiam ser necessários dois, três, quatro ou mais desses troncos- -boias. Quando o açacu é serrado, dele escorre um óleo essencial que irrita os olhos e a pele.

Para as paredes, as divisórias e o assoalho, eram escolhidas madeiras um pouco mais pesadas, como o louro-vermelho, nas quais o construtor fixava caibros de andiroba, para conter as divisões internas, dar suporte ao telhado de palha ou de zinco, conforme as posses da família, e construir a varanda externa, espaço para a socialização dos vizinhos, as brincadeiras das crianças e a secagem das roupas lavadas no rio. À andiroba é atribuída a propriedade de espantar mosquitos.

A cobertura de palha retirada das palmeiras-buçu, material abundante e barato, tinha as vantagens da leveza e da proteção térmica contra o sol inclemente da maior parte do ano. No entanto, as goteiras causadas pelos ventos fortes e pelas tempestades tropicais, além do risco de incêndio, num local inacessível ao socorro de bombeiros, faziam os comerciantes e os moradores com mais recursos optar por tetos de zinco.

Chamadas de "flutuantezinhos", as casas mais humildes tinham apenas cozinha, sala e dormitório, mas havia os "flutuantões", com quatro, cinco cômodos, e até sobrados de dois pisos. As construções eram sólidas, algumas chegavam a pesar uma tonelada ou mais. Coladas umas às outras, pintadas com cores alegres, as construções formavam um labirinto flutuante que serpenteava junto à margem do rio. Fotografias da época mostram imagens que parecem saídas de gravuras chinesas antigas.

O aumento do número de moradores dessa cidade informal atraiu comerciantes que não tinham condições financeiras de se instalar na região central de Manaus. Entre eles, imigrantes portugueses, árabes, judeus e brasileiros de outros estados abriram farmácias, bares, restaurantes, serrarias, galpões para oficinas industriais, armazéns e lojas para a venda de postas de pirarucu salgadas e exportação de peles de jacaré e de onça, borracha, sorva, ouro e contrabando.

A política de preços baixos praticada pelo comércio local atraía compradores do centro da cidade. Agarrada a Manaus como as cracas no casco de um navio, a cidade flutuante adquiriu vida própria, boiando em obediência ao nível das águas do rio Negro: nas cheias, subia vários metros pelo barranco, até atingir o nível de Manaus; na vazante tudo baixava.

O crescimento populacional foi acompanhado de uma urbanização não planejada. As construções ligavam-se umas às outras por caminhos e vielas feitos com tábuas de sumaumeiras de dois metros de comprimento por cinquenta centímetros de largura. Os estudiosos calculam que pouco antes dos anos 1970 a população tenha chegado a 12 mil habitantes. Ao contrário das favelas e comunidades pobres das cidades brasileiras, em que os habitantes são condenados a passar horas na condução para chegar ao trabalho, a cidade flutuante tinha uma vida toda própria: seus moradores trabalhavam no porto de Manaus, ali ao lado, ou nas pequenas empresas instaladas no interior dos próprios flutuantes.

Os marginais encontravam abrigo no emaranhado de ruelas da cidade. Casas com vários cômodos funcionavam como zonas de prostituição e bandidos cobravam pedágios dos moradores, à moda das milícias das cidades de hoje.

A luz, fornecida pela Companhia de Eletricidade de Manaus e por geradores particulares, era distribuída por um emaranhado de fios elétricos em ligações precárias, muitas vezes clandestinas, sujeitas a curtos-circuitos que deixavam todos no escuro.

Sem água potável ou esgoto, as condições de higiene eram deploráveis: a água para cozinhar, lavar roupa e tomar banho vinha do rio, destino final dos dejetos produzidos nos flutuantes; diarreias, verminoses e desidratação se espalhavam entre crianças e adultos; malária e outras doenças infecciosas se disseminavam em surtos que se repetiam com regularidade. As altas taxas de mortalidade infantil e a baixa expectativa de vida eram reflexos das más condições sociais e de higiene em que todos viviam.

Nos anos 1960, o lado pitoresco daquele aglomerado flutuante chamou a atenção dos jornais e das revistas semanais. Muito conhecida na época, a revista *Manchete* escreveu: "A cidade flutuante de Manaus é uma espécie de Veneza selvagem e tropical". Conhecer o Teatro Amazonas e aquele aglomerado sobre as águas passou a fazer parte dos passeios turísticos obrigatórios.

Com a chegada dos militares ao poder, em 1964, foi nomeado um novo governador para o estado do Amazonas, que decidiu pela "extinção da [...] favela flutuante de Manaus, de modo que os que vivem presentemente naquele núcleo exótico não se sintam feridos nos seus interesses, ao contrário, se possam sentir aquinhoados de bem-estar".

Para tanto, em 1965 foi criada a Companhia de Habitação do Amazonas, que organizou comissões para elaborar um "amplo processo de remoção" dos 2500 barracos flutuantes com a promessa de transferir seus moradores para conjuntos habitacionais dotados de infraestrutura, a serem construídos em bairros populares.

Em maio de 1965 começou o desmonte, que levaria dois anos para ser concluído. Desorganizada e confusa, a destruição das casas adquiriu características de expulsão dos moradores. A promessa dos conjuntos habitacionais foi esquecida: das 2 mil casas prometidas, foram entregues 130.

Milhares de desabrigados migraram para a periferia mais distante, forçaram a floresta a recuar e ampliaram os limites da cidade. A ocupação de áreas sem serviços públicos nem saneamento básico originou bairros como Santa Luzia, São Jorge, Cachoeirinha, Aparecida, Mocó e Compensa, que se tornaria o mais populoso. Manaus ficou cercada por um cinturão de pobreza.

Onça que é gente

Guimarães Rosa escreveu em seu conto "Meu tio o Iauaretê":

Aí, eu aprendi. Eu sei fazer igual onça. Poder de onça é que não tem pressa: aquilo deita no chão, aproveita o fundo bom de qualquer buraco, aproveita o capim, percura o escondido de detrás de toda árvore, escorrega no chão, mundéu-mundéu, vai entrando e saindo, maciinho, pô-pu, pô-pu, até pertinho da caça que quer.

Sentei para conversar com seu Miguel na varanda da casa dele em Querari. É um caboclo típico da região: pele queimada do sol, fala tranquila, olhos indígenas.

Numa cadeira de balanço com fios de plástico amarelos, contou a história que me fez lembrar da onça de Guimarães Rosa:

— Tava quebrando castanha com o facão desde manhã. Quando juntei o derradeiro monte, escutei aquela zoada. Não demorou, ouvi um estalo de lá pra cá. Eu digo é queixada, vou matar ao menos um porco desses pra comer. Meu senhor, vararam assim no limpo, cinco de uma vez.

— Queixadas?
— Que nada, cinco onças-pintadas duma vez só. Tavam no cio, que elas no cio anda de multidão, na vadia. Gozado que quando eu pego a espingarda, levanto do pau que ela descansava, a coronha caiu. Vou atirar assim mesmo, pensei. Meti uma bala dentro, aguentei, assim, na mira, e mandei. Emparelhei umas três, mas rebolou só duas lá. Uma era maracajá.
— Maracajá?
— É onça pequena. Atirei em três, elas abriram fora. Fiquei escutando, eu não tinha outro cartucho. Digo: elas não me vence. Descalcei as botas do pé. Se elas vim, vou subir numa arve meio torta que tava no lado, assim elas não me come. Os gritos das bichas não parava. Aí elas foram embora e eu segui quebrando as minhas castanhas. Falei pro meu irmão: nesta semana ninguém vai pra lá, né, porque elas estão aí nesse meio. Quando ficam desse jeito, passam tempo na mesma arrumação, em bando.
— Eram maquiritaias?
— Não sei, não. A maquiritaia é uma história que os pessoal conta. É uma batata que os índios velhos plantam na mata, que depois eles ralam com língua seca de pirarucu, cozinham na água, bebem e viram onça. Quando vários tomam, vira bando, do jeito dessas. Eu já vi quando o rio tá seco, elas andam pelas praias comendo bicho de casco. A gente reconhece porque elas têm o dente furado. Se o senhor matar uma, quebra o dente, vai ver que tem furo. Se a família inteira tomou o chá da batata, todo mundo vira onça. Os antigos contavam que viam elas toda hora, hoje tá tudo muito civilizado.
— E ficam onça para sempre?
— Eles são uma pessoa que quando transformada em bicho come até o parceiro dele. Até hoje tem gente por aí que vira bicho, onça, porco, cavalo. Quando passa o efeito da batata, volta a ser cristão outra vez.

A paca

Com mulher e cinco filhos, Pedro não podia lamentar a sorte naquela semana. O rio estava na seca e os peixes saltavam na superfície atrás de oxigênio. Nos últimos dias, pescara três tucunarés de bom tamanho e oito surubins, que, conservados em sal, alimentariam a família por vários dias.

Tinham ainda um saco de farinha cheio e outro pela metade, mas faltavam sal, açúcar, sabão, pasta de dentes, anzóis novos, querosene para as lamparinas e roupas para as crianças mais velhas, que seriam aproveitadas pelos irmãos mais novos nos anos seguintes.

Apesar da fartura temporária de comida, Pedro saiu para caçar. Com sorte encontraria uma paca para vender em Santa Isabel e comprar o que faltava em casa.

Levantou no meio da noite, horário em que as pacas saem das tocas em busca das plantas, raízes e frutas que compõem sua dieta. Tomou uma caneca de café e entrou na floresta, para aguardar a presa no alto do jirau, plataforma de madeira armada a dois ou três metros do chão para que o caçador enxergue a caça que se aproxima sem ser visto por ela.

Fazia dias que ele vinha preparando a ceva com bananas para deixar no local e limpando o terreno em volta, para que o animal ficasse ao alcance da mira da espingarda, sem ter tempo de mergulhar nas águas do igarapé, porque, além de velozes, as pacas são exímias nadadoras.

Nas vizinhanças do jirau, Pedro reconheceu as pegadas:

— As patas da frente tinham quatro dedos redondos, nas traseiras só os rastros de dois dedos. Pelo tamanho, certeza que era uma grande. Subi a escadinha do jirau e esperei.

Esperou muito.

— Caçar e pescar é pra quem tem paciência. O homem fica sozinho com a natureza e os pensamentos dele.

Atento ao carreiro, o caminho pelo qual os animais passam, Pedro teve a impressão de ter visto o brilho fugidio de dois olhos na escuridão. Pegou a espingarda, mas não conseguiu ver animal nenhum. Pouco depois a paca apareceu.

— Reconheci pelas fileiras de manchas brancas que elas têm nas laterais do costado. Era muito grande, devia ser um macho com mais de dez quilos. Foi um tiro só.

Andou quase uma hora com o animal nas costas, até chegar em casa.

— Era macho mesmo, tão grande que mais parecia uma capivara. Fiquei com dor no espinhaço. Dei um banho nele na beira do rio, coloquei na canoa, passei em casa, avisei a mulher e tomei café com um pedaço de beiju.

O dia clareava. Remou uma hora e meia rio abaixo para chegar a Santa Isabel.

Na cidade procurou uma esquina afastada do comércio para exibir a caça longe da vista da fiscalização. Não deu certo.

— O homem disse que era fiscal do governo, que caçar pra vender era crime contra o ambiente.

Pedro explicou que não era caçador, que precisava vender a paca para comprar as mercadorias necessárias para a família.

— O fiscal disse que compreendia, mas não podia fazer nada. Era a lei, não adiantou eu dizer que era índio. Se me deixasse vender podia ser acusado de parceiragem. Disse que eu tinha sorte de não ir pra cadeia. Cadeia? O que eu fiz errado?

Além disso, se o fiscal abrisse uma exceção, criaria precedente para que outros praticassem o mesmo crime ambiental. A caça foi apreendida. Pedro remou quase duas horas contra a correnteza para chegar em casa de mãos vazias.

— Sabe o que aconteceu, doutor? Me contaram que lá os companheiros do fiscal falaram: "O que você vai fazer com a paca? Jogar no lixo?". E aí eles juntaram os amigos e fizeram um churrasco.

As visões do Pariká

Nunca mais me esqueci do ritual dos indígenas que vi naquele documentário.

No início dos anos 1980, minha amiga Regina Jeha foi filmar uma cerimônia em Maturacá, aldeia Yanomami na fronteira com a Venezuela. No ritual, um grupo de homens com o corpo pintado formava uma roda. Um deles colocava um punhado de pó no interior de um tubo de madeira com mais de um metro de comprimento e assoprava com força na direção do nariz de outro, colado à extremidade oposta do tubo. Era a cerimônia religiosa do Pariká, pó alucinógeno preparado com cascas de árvore e cipós.

Depois de alguns minutos, o xamã (pajé) que recebera o sopro começava a cantar, a gesticular e a fazer passos de dança em volta da roda.

Jamais eu teria imaginado que, vinte anos depois de ver esse documentário, eu estaria num xapono (maloca) Yanomami grande e espaçoso da mesma aldeia, diante daquelas pessoas. Uma delas era o cacique Joaquim, a outra, Júlio Góes, seu primo; as demais eram mulheres e um bando de crianças que entravam e saíam como se nós não existíssemos. Ao nosso lado, uma senhora já idosa, deitada numa rede vermelha, acompanhava nossa conversa em silêncio. Era a esposa de seu Joaquim.

O cacique, que não falava português, devia ter entre sessenta e setenta anos e era um homem encorpado, peito forte, o rosto inteiro pintado de vermelho com tinta de urucu, circundado por um halo preto de cinco centímetros de largura que dava a volta completa da raiz do cabelo à ponta do queixo. Parecia uma figura maquiada para entrar em cena num espetáculo japonês de kabuki.

O outro homem, Júlio Góes, que servia de intérprete, aparentava ter uns cinquenta anos. Seu rosto não estava pintado de vermelho, mas exibia o mesmo halo preto na face, com a diferença de que a pintura se estendia até cobrir o pescoço inteiro. De cada lado dos ombros dos dois homens descia uma faixa de tinta preta, grossa, em formato de cobra, que percorria o tórax e o abdômen.

Júlio contou que o cacique tinha participado de várias guerras contra inimigos de comunidades vizinhas:

— As pinturas no corpo mostram que somos guerreiros.

Seu Joaquim contou a história da última guerra em que lutara, ocorrida nos anos 1960, na qual perderam a vida dois guerreiros, um de cada campo adversário. Sua descrição era rica em detalhes: falava de intrigas e traições, de estratégias para enganar o inimigo, de flechadas e pancadas na cabeça. Ele narrava os trechos em yanomami e aguardava o primo traduzir para o português. Enquanto falava, movia o tronco com agilidade para cima, para baixo, para os lados, como se desviando de flechas, tacapes e zarabatanas imaginários. Os movimentos do corpo eram acompanhados pela emissão de sons guturais, o que aumentava ainda mais a semelhança da cena com o teatro kabuki.

Quando interrompia a narração para que o primo traduzisse, o cacique Joaquim ficava imóvel, o olhar fixo num ponto distante, o rosto inexpressivo transfigurado como se fosse máscara.

Falei do documentário e eles se lembraram da filmagem, da diretora e de um dos componentes da equipe. Aproveitei para perguntar qual o significado religioso do Pariká. Júlio respondeu:

— Nós usamos para invocar os espíritos. Pedimos benefícios para a comunidade, para não adoecer, não ter acidente, ter fartura, comida, caça, pra adquirir novas amizades, não existir guerra, não ter muita chuva, para colher pupunha em abundância... enfim, tudo isso junto.

O imaginário Yanomani é povoado por espíritos e imagens cósmicas. O xamã é auxiliado pelos hekura pë, encarregados de manter o equilíbrio do mundo e a preservação da vida. Eles estão na origem de todos os seres e de todas as coisas e são invisíveis aos olhos humanos.

O Yanomami Davi Kopenawa explica como entrar em contato com os hekura:

— Para poder vê-los, temos que inalar o pó da árvore yãkõanahi muitas e muitas vezes. Isso toma tanto tempo quanto os brancos demoram para aprender a ler e escrever. Inalado o epena, alimentados os hekura, o universo se torna luminoso e, no seu plano mais alto, o céu se abre para os xamãs, que, então, alcançam todo o seu esplendor.

Perguntei para Júlio Góes se todos podem cheirar o pó.

— Mulher não, só homem adulto, e nem todos. Só quem foi instruído por esse mestre aqui, o cacique Joaquim. É ele que mói a casca da virola para fazer o pó, mistura os ingredientes, ensina os efeitos e acompanha a gente na hora de usar. Sem ele não pode. Nas outras comunidades Yanomami tem mestres iguais a ele. Aqui nós somos 636 pessoas, mas só oito homens estão autorizados a praticar.

— O que acontece quando você cheira?

— Assim que o pó entra nas narinas, arde um pouco e os olhos ficam vermelhos. Quando ele chega no miolo da gente, sua memória, a inteligência, começa a amortecer. O corpo também amortece e vai aumentando, depois se desmanchando, se tornando vazio, não está mais pisando na terra, fica leve, flutua. A visão é a de um espelho transparente, finíssimo. Você está num balão fino, misterioso, feito de cobre, você também está feito de cobre. Aí você nota que alguma coisa chega em você.

— O que é?

— Essa é a hora que o senhor sente que um espírito chega no seu corpo. Ele está ali e lhe traz como cantar, como fazer pedido, você fala sem perceber que não é você que está falando. O espírito toma conta do seu organismo. De repente, ele some, desaparece. Aí surge outro no lugar dele, faz o senhor falar mais rápido, aumentar a voz, ter mais velocidade, mais facilidade pra andar, pra se movimentar, a gente está flutuando no espaço, mas as coisas estão chegando até nós. Fica fácil fazer menção, um pedido, mas precisa ser treinado.

— Pode causar alguma sensação ruim?

— Às vezes você se apavora, se amedronta, sente uma pressão muito forte, começa a escorrer água pelo corpo, muito suor. Pressão muito alta. Se você cantar e pedir ajuda pra uma pessoa doente ou pra uma criança, ou a mulher que está passando mal no parto, acidente de cobra, esse alguém que se apoderou do seu corpo, vai fazer a cura.

— Seca a boca?

— A boca seca, sim, senhor. O nariz arde. Dá sono e fome.

— E o que você vê?

— Enxerga luzes brilhantes, maravilhosas, azuladas, vermelhas cor de sangue e de arco-íris. Coisa mais linda, até o chão se torna desenhado, depois vai derretendo, se destruindo, mas aí aparece uma camada por cima, a visão mais bonita que pode existir nesta terra. É por isso que a gente pratica.

— E dá vontade de repetir, de cheirar outra vez?

— O Pariká mesmo dá força pra gente praticar. Ele chama, você sente que está precisando do contato com os espíritos que você tem. Mas não é todo dia que a gente usa, não é o dia inteiro.
— À medida que você repete a experiência o efeito não vai diminuindo?
— Não, senhor, o efeito não fica mais fraco, é sempre o mesmo.
— E quanto tempo dura?
Segundo Davi, quando os hekurapës se retiram para as suas alturas, tudo volta a ser o que era, e o universo se fecha novamente.
Na explicação de Júlio:
— Quando o pó se dissolve no nariz, a gente tem a sensação de que o efeito vai desfazendo, vai caindo, vai passando. Depois de meia hora, uma hora, dependendo do jeito que foi preparado, quando menos a gente espera, psssst… em menos de um segundo acabou, coisa rápida, volta ao normal. Quando está no efeito, precisa se entregar, qualquer desatenção acaba tudo. Ele é muito melindroso.

Quando voltei a São Gabriel em 2019, para o documentário sobre os casos de suicídio de adolescentes indígenas, fui conhecer a enfermaria para onde eram encaminhados os Yanomami doentes que vinham se tratar na cidade.

Era uma construção ampla, com redes coloridas que se destacavam do branco das paredes. Numa delas, havia uma mulher com uma criança; a moça vestida com uma blusa cor-de-rosa sem manga e bermuda preta, a criança apenas de fralda, roupas adequadas para aquela manhã cheia de sol.

Quando perguntei quem estava doente, ela explicou que tinham vindo de Maturacá porque o menino tivera febre alta, vômitos, diarreia e sonolência.

— Ele nem respondia quando a gente chamava. Agora está espertinho. Acho que vamos embora na semana que vem.

A mãe tinha quarenta e poucos anos, traços delicados, um olhar que transbordava paz e tranquilidade e um sorriso enigmático de Mona Lisa.

Quando me aproximei para ver o nenê, ela disse:

— Eu conheço o senhor.

— Da televisão?

— Já vi o senhor na televisão, mas a primeira vez foi na aldeia, em Maturacá. Sou filha do cacique Joaquim.

— Não diga... E seu pai, está bem?

— O pai faleceu faz dois anos.

Contam que após a morte do tuxaua Joaquim um tufão passou pela cidade, danificando as construções do quartel do Exército. Como o mais atingido foi o Centro de Comando, muitos na aldeia acreditam que o espírito poderoso do tuxaua falecido retornou para se vingar dos desmandos cometidos pelos militares.

Quando nos despedimos, passei a mão na cabeça do menino, e a moça me sorriu com timidez. Foi uma das mulheres mais encantadoras que conheci.

Reahu, o ritual fúnebre

Numa das viagens a São Gabriel, reencontrei Júlio Góes no aeroporto. No avião para Manaus, sentamos juntos. Júlio tinha acabado de participar de um Reahu, o ritual da morte entre os Yanomami. Fiquei curioso.

Ele disse que, para os Yanomami, o lugar ideal para morrer é na própria aldeia, entre os seus. Se possível aos cuidados dos xamãs, que esfregam, palpam e massageiam o corpo doente, para que ele não sinta que está sozinho.

A intervenção espiritual dos xamãs termina quando a respiração se extingue e as mãos ficam frias. Então, os moradores da aldeia entram na maloca central e dão início ao coro de choro e de lamentações pela perda e à celebração das qualidades da pessoa que se foi.

Nessa hora, os anciãos da aldeia se reúnem e discutem os preparativos para o funeral, ocasião em que é escolhida a pessoa encarregada de dirigir a cerimônia. Se quem morreu foi um homem, será o pai dele. Se o pai não estiver vivo, será um dos irmãos adultos. Se não houver irmãos, a responsabilidade ficará por conta de um irmão do pai ou da mãe. Se não existirem parentes próximos, será nomeada uma pessoa respeitada na aldeia.

Se quem faleceu for mulher, caberá à mãe dirigir a cerimônia. As cinzas serão guardadas pelo pai. Se a mãe não for mais viva, a responsabilidade recairá sobre a sogra. A posse das cinzas e a obrigação de realizar o funeral são ditadas pela consanguinidade.

Tudo decidido, começam os trabalhos na roça e a plantação de bananeiras, requisitos fundamentais para os rituais que ocorrerão nos meses seguintes. Quando os cachos brotarem, haverá mais celebrações, e emissários irão a outras aldeias convidar os moradores para participar das cerimônias que acontecerão.

Logo depois da morte os parentes se reúnem ao redor do corpo, choram, cantam e dançam em uma cerimônia que pode durar a noite inteira. Depois, secam as lágrimas e tingem a face com carvão. As mulheres permanecerão com o rosto pintado por meses — algumas viúvas, pelo resto da vida.

Despojado de seus enfeites, que serão incinerados com os demais pertences do morto, o cadáver é posto num cesto de vime, em posição fetal, os olhos cobertos por fiapos de algodão e os punhos fechados a cobrir os ouvidos.

O corpo é levado para um jirau na floresta, construído bem alto para não ser atacado por animais.

Cabe ao encarregado da cerimônia observar o corpo em decomposição por três ou quatro semanas, até que ele atinja o estágio em que os ossos possam ser separados dos restos da carne.

Os moradores da aldeia se reúnem para retirar o corpo do jirau, ocasião em que tapar o nariz e manifestar asco são consideradas ofensas graves aos familiares. Quando os restos mortais chegam à maloca central, lá estão reunidos todos os moradores e convidados de aldeias vizinhas. Todos devem chorar, apenas as crianças são liberadas desse dever. O pranto é a forma de manifestar o luto; na cultura Yanomami, velar é chorar. Durante a madrugada, todos choram e dançam.

Os ossos serão separados do resto do corpo e incinerados. A madeira do jirau, os cestos que transportaram o cadáver, bem como os demais pertences ligados à existência da pessoa falecida, são queimados, para que desapareçam os vestígios de sua presença entre os vivos de modo que ela possa entrar no mundo dos espíritos mais depressa. Seu nome nunca mais poderá ser pronunciado.

Ao fim da incineração, os ossos calcinados são colocados num tronco oco, para serem pilados. O pó resultante vai para as cabaças, que serão seladas com cera e entregues à família. Depois da entrega, todos comem e bebem.

Quando as bananas amadurecem, os homens saem para caçar. Por duas semanas os animais serão moqueados para serem servidos aos convidados nas festividades do Reahu.

— Para participar da festa tem que chorar. É choro pra todo lado — diz Júlio.

Oferecer beijus, carnes de caça, pupunhas (se for época) e outros alimentos em abundância é parte das obrigações dos moradores da aldeia anfitriã. A não observância desse dever gera maledicência e impropérios dos convidados.

As cabaças com o pó dos ossos são abertas e vertidas sobre outras que contêm mingaus feitos de banana, distribuídos com fartura entre os presentes, que os ingerem em grandes quantidades, muitas vezes até passarem mal.

— O pó dos ossos tem o poder de trazer fartura de alimentos, saúde para a criançada e multiplicar a população da comunidade — explica Júlio Góes.

O avião aterrissou em Manaus e agradeci a ele a descrição, que anotei num pequeno computador que eu tinha na época. Ele sorriu:

— Doutor, tem muito mais coisa. São tantos detalhes que não dá tempo de contar num voo de uma hora.

Andorinhas

Quando elas aparecem, fazem a alegria dos igarapés. No sol da manhã e no fim da tarde, surgem velozes em pequenos grupos. Em circunvoluções arrojadas, chegam a resvalar pela superfície das águas com precisão milimétrica, para subir em seguida com as asas abertas contra o vento e descer de novo.

Alheias ao som do motor, acompanham o trajeto da voadeira como se apostassem corrida com ela. Seguem na frente por centenas de metros, até que lhes dá na cabeça escapar em zigue-zague pelas laterais. Segundos depois, surgem outra vez com o peito branco e asas de um azul intenso, quase negras, a brilhar ao sol num vaivém incessante que hipnotiza quem as acompanha.

Nesses voos silenciosos, tão rasantes que refletem suas imagens no espelho de água, mantêm o bico aberto para caçar insetos que não conseguimos enxergar. Aproveitariam esses momentos para matar a sede, tomar banho ou brincar em pleno voo?

Num fim de tarde nublado em que o *Escola da Natureza* navegava pelo meio do rio Negro, na altura do arquipélago de Anavilhanas avistei um bando voando alto, bem longe, junto à margem direita. Ao contrário dos grupos pequenos dos igarapés, dessa vez eram milhares que cruzavam para a outra margem em linha reta. Não havia liderança, como ocorre com outras aves migratórias. Viajavam em bando, numa procissão interminável. Eu nunca tinha visto uma multidão assim.

 Corri para pegar o binóculo. Que estética primorosa, os corpos fusiformes e o bater invisível das asas pontiagudas a impulsioná-los, o branco do peito contra o cinza do céu...

 Pela altura em que estavam, deviam vir de longe, decididas a cruzar o rio, sobrevoar a floresta e desaparecer no infinito.

 Viajavam em fileiras próximas e desencontradas umas das outras. Desgarradas nas últimas posições, vinham as menores e talvez as de mais idade, num esforço visível para acompanhar a vanguarda.

 Quando já pareciam vírgulas minúsculas ao longe, prestes a desaparecer sobre a mata, surgiram outras mais na margem de onde partiram as primeiras. Milhares, outra vez em fileiras compactas, seguidas de perto pelas retardatárias, no mesmo trajeto das anteriores, como se obedecessem a um comando único. Estavam quase a se perder no fim do mundo quando veio o terceiro esquadrão, no encalço dos dois primeiros. O número e a disposição espacial eram cópias dos anteriores.

 Por que razão não teriam partido todas juntas? A que critério obedeceriam para selecionar os componentes de cada grupo? Qual seria o objetivo dessa viagem? Para onde iriam? Quem lhes dera a ordem de levantar voo?

 Pássaros avessos ao frio, que lhes rouba os insetos da dieta, as andorinhas fazem longas migrações do hemisfério Norte para o Sul assim que ameaça cair o inverno. Mas na linha do equador, com temperaturas que se sobrepõem nas quatro estações, qual o sentido dessa viagem?

Quando o terceiro pelotão se aproximava de nós, Evilásio, o cozinheiro da equipe, observou:

— Naquela margem existe um canhão encantado que dispara andorinhas.

A felicidade de dona Margarida

— Quando a senhora ficou viúva?
— Faz sete anos.
— Nunca mais casou?
— Não, não quero, não.
— Por quê?
— Porque eu já tenho experiência da vida dos homens. Eu fui maltratada. Por isso não quero mais, essa vida que eu tenho é melhor.
— Os homens aqui são todos desse jeito?
— Eu posso dizer, os caboclos e os índios aqui, igual eu, né?, eu sou índia Tukano, a maioria é assim.
— E a senhora não quer mais saber de homem? Mesmo?
— Eu trabalho, vou lutando para tirar meu salariozinho, para sobreviver.
— Quantos filhos a senhora teve?
— Tive quatro, dois casais.
— E quem sustentou seus filhos a vida inteira?
— Eu criei.

— O pai ajudou?
— Pensa que ele ajudou? Bebia muito.
— Os homens exageram na bebida por aqui?
— Iiichi! Eu não quero nem saber.
— E vocês se separaram?
— Ele morreu. Tinha bebido, caiu da canoa e se afogou. Acontece toda hora.
— Aqui entre nós: a senhora ficou mais feliz depois de viúva?
Dona Margarida sorriu:
— Eu estou feliz com a vida que eu tenho, eu trabalho, eu tiro meu salariozinho, pra mim sobreviver está bom, né?
— A senhora é uma mulher feliz?
— Eu sou muito feliz, graças a Deus.

Dona Margarida tem um metro e meio de altura, se tanto. Tivemos essa conversa em novembro de 2019, no dia em que a conheci na sede do ISA, em São Gabriel, onde ela trabalha como copeira. Durante a conversa ela riu várias vezes, um riso franco, aberto, de quem parece estar de bem com o mundo. Só ficou séria quando falou da morte do marido.

Voltei à sede do ISA quatro anos depois. Encontrei-a na cozinha. Passada a surpresa inicial por me ver, ela deu uma risada gostosa, veio na minha direção e me abraçou como se fôssemos velhos amigos. Foi um abraço prolongado, o rosto dela apertado contra o meu peito. Quando nos separamos, as lágrimas tinham molhado minha camisa.

Umbelino ermitão

A paisagem era maravilhosa. O rio Negro fazia uma curva suave, ali as águas corriam mais depressa, criando um leito de espuma que quebrava a calmaria da superfície em que navegávamos. O *Escola da Natureza* tinha deixado Santa Isabel do Rio Negro, a caminho de Barcelos, havia uma hora ou mais.

Ao entrarmos na curva, avistei uma cabana montada com quatro estacas e uma lona azul sobre elas. Em seu interior, uma rede pendurada, um banco com três panelas empilhadas, uma calça, duas camisetas e uma toalha velha. Uma vaca e uma cabra se abrigavam na sombra da lona. A cem metros, um vulto com um machado cortava um tronco e ia juntando os pedaços ao lado. Na margem, uma canoa com um par de remos e um balde. Pedi para encostarmos.

Veio em nossa direção um homem de cabelo e barba grisalhos, calça com listras pretas e cinza amarrada com um barbante grosso na cintura, e uma camisa cuja falta de botões na parte de cima expunha a metade do peito.

— O senhor mora aqui?

— Sim, senhor.
— Sozinho?
— Eu, Deus e os meus bichos.
— Onde fica a sua casa?
Ele apontou para a cabana.
— É ali?
— É. Fiz uma casa de madeira até que ajeitada, a tempestade derrubou. Levantei outra, veio a ventania e jogou no chão. Aí eu falei: é assim, né?, quer me expulsar daqui? Vamos ver quem é mais teimoso. Agora durmo naquela rede, tranquilo, ventilado, com a minha vaca, a cabrita e as galinhas, que juntam em volta quando escurece.
— Há quanto tempo?
— Já deve ir pra mais de cinco, seis anos.
— O senhor é daqui da região?
— Nasci na Paraíba.

Seu Umbelino viveu na roça até os quinze anos. Quando ouviu falar dos empregos na construção de Brasília, foi embora com um tio.

Trabalhou mais de vinte anos como pedreiro, período em que se casou e teve cinco filhos.

— Naquele tempo o operário ganhava bem, juntei dinheiro, comprei um caminhão e fui pra estrada. Pegava carga pra qualquer lugar do Brasil, chegava a ficar três meses fora.

Com o tempo, as ausências geraram desentendimentos domésticos.

— Comprei uma casa em Ceilândia, não deixava faltar nada, mas sabe como são as mulheres... quer que você trabalhe pra sustentar a família e ainda por cima dê carinho, atenção e faça companhia pra elas.

— Vocês se separaram?

— O senhor sabe, quando mulher casada começa a mudar de jeito, a comprar roupa nova, a se enfeitar muito, é porque alguma coisa está acontecendo. Então eu achei melhor me retirar antes de ficar bravo e tomar alguma atitude que não devia.

— Ela traiu o senhor?

— Esse assunto eu prefiro não comentar.

— E os filhos e a casa?

— A casa deixei com ela, os filhos já tavam crescidos. Filho sem pai também se cria.

Umbelino continuou na estrada, até que ouviu um boato:

— Num posto de gasolina perto de Altamira, dois caminhoneiros me contaram que tinha aparecido muito ouro no rio Negro, em Santa Isabel, que o pessoal voltava de lá cheio de dinheiro.

Vendeu o caminhão e viajou para Santa Isabel. A cidade estava movimentada:

— Era gente pra lá e pra cá. Corria dinheiro, mas tudo custava caro. Fiquei sabendo que um sergipano estava querendo vender uma balsa pequena que já vinha equipada. Era o que eu podia comprar.

— E o senhor conseguiu achar ouro?

— Tudo o que eu consegui no rio Negro foi 22 gramas.

— Só isso?

— Mal eu tinha começado, chegaram as lanchas da Federal e do Ibama, com uns alto-falantes mandando todo mundo sair e ir pra margem. Foi um tal de explodir bomba e tocar fogo em balsa, que Deus me livre. Numa manhã acabaram com tudo.

Sem dinheiro nem ter para onde ir, Umbelino desceu o rio com o único bem que restara: uma canoa e dois remos. Quando passou pela curva em que estávamos, ficou maravilhado.

— Nunca tinha visto um lugar com tanta beleza.

Sobrevivia queimando madeira em fornos de barro improvisados, para fazer o carvão que levava para vender em Santa Isabel.

Com o lucro, comprava farinha, querosene para a lamparina, sabão, sal, café e demais artigos de primeira necessidade.

— Vivo muito bem aqui, peixe e farinha não falta, e ainda me dou ao luxo de comer feijão com arroz de vez em quando.

— Não sente falta de uma companheira?

— Nenhuma falta. Uma vez quiseram me apresentar uma mulher lá na cidade, mãe de dez filhos. Não sou jacamim pra criar filho dos outros.

Seu Umbelino não perguntou quem éramos nem o que fazíamos por lá. Tinha perdido a noção do tempo, não sabia o mês nem o dia da semana em que estávamos.

— Passa quanto tempo sem conversar com alguém?

— Meses, graças a Deus. Aqui ninguém me estorva, não escuto o que eu não quero. Só falo um pouco quando vou vender o carvão. Mas logo que eu termino as compras viro as costas e volto aqui pra minha beirada. A confusão da cidade me tira do eu sozinho.

Epílogo

Exuberância e fragilidade

Nas primeiras viagens ao rio Negro, a imensidão das florestas e das águas me ofuscou os sentidos. Tamanha beleza não deixa espaço para enxergar além dela. As descrições das matas e dos rios reunidas neste livro procuram refletir esse encantamento.

A observação mais atenta me mostrou uma dimensão da floresta que eu desconhecia, um organismo vivo formado por infinitos nichos ecológicos de características diversificadas: árvores, arbustos, cipós, samambaias, bromélias, orquídeas, fungos, microflorestas de briófitas agarradas aos troncos e uma miríade de insetos polinizadores. No decorrer de milhões de anos, a seleção natural ensinou esses seres a cooperar uns com os outros para construírem o conjunto exuberante que chegou até nós.

A leitura dos trabalhos publicados por historiadores, arqueólogos, indigenistas, antropólogos e outros pesquisadores que desde o século XVIII se dedicaram a estudar a bacia do rio Negro me ajudou a compreender que a floresta foi construída pela interação desses fenômenos biológicos e as mãos das populações originárias que habitam a região há 12 mil anos, cultivando determinadas plantas e eliminando outras, de acordo com seus interesses.

Para mim foi surpreendente constatar que uma obra monumental dessa complexidade, com árvores de mais de cinquenta metros de altura, seja dependente de solos pobres como os do rio Negro. Basta chutar as folhas e os galhos secos que cobrem o chão para expor a areia e a argila do solo que dá sustentação à floresta. Como essa exuberância gigantesca foi criada sobre uma camada tão frágil de nutrientes é quase um mistério. A percepção de que o fogo é capaz de destruir para sempre esse equilíbrio delicado é assustadora. Quando falamos da Amazônia, a imagem que nos vem é a de um inferno verde, inóspito à penetração humana, como se a única vantagem em preservá-la fosse assegurar o fornecimento de oxigênio ao mundo, mito no qual muitos acreditam até hoje. Essa visão obtusa não leva em consideração que a Amazônia é habitada por cerca de 30 milhões de brasileiros, ou seja, metade da população da França, da Itália ou do Reino Unido.

Ao contrário de franceses, italianos e ingleses, entretanto, os habitantes da bacia do rio Negro são tão diversificados quanto as florestas em que vivem. São 23 etnias apenas na parte alta do rio, descendentes de ancestrais que sobreviveram aos inúmeros ataques de portugueses escravagistas, dos brancos predadores que vieram em seguida e das epidemias trazidas por eles.

Durante o século xx, as migrações para os centros urbanos em busca de melhores condições de vida fizeram de São Gabriel da Cachoeira uma grande cidade indígena do país. Santa Isabel e Barcelos cresceram a olhos vistos desde a primeira vez em que estive lá, no início dos anos 1990. Hoje, ligada a Manaus por estrada asfaltada, Novo Airão, que não tinha sequer uma rua calçada, ganhou hotéis e interesse turístico.

Apesar desses avanços, as cidades do rio Negro convivem com baixos índices de desenvolvimento humano e de renda per capita. O saneamento básico é precário: se em Manaus 97% da população dispõe de água encanada, em São Gabriel da Cachoeira, Santa Isabel e Barcelos esse índice cai para menos de 50%. Em Manaus menos de 30% estão conectados à rede de tratamento de esgoto; nas demais cidades do estado os números são ainda mais baixos. A capital do Amazonas é cercada por um cinturão de pobreza favelizado que se repete em maior ou menor grau nas outras cidades do rio Negro.

Para os que continuam a viver em aldeias e comunidades distantes, a modernidade tem sido de pouca valia. Ali a luta pela subsistência é até mais dura do que no passado, quando havia fartura de peixes e de caça e as bebidas alcoólicas se restringiam ao caxiri, consumido apenas nas festas e comemorações comunitárias. Com a chegada dos colonizadores e a introdução da cachaça como arma de domínio, esse equilíbrio se rompeu e o alcoolismo se transformou no problema mais grave de saúde pública da região.

As riquezas do subsolo, que atraem facções criminosas e garimpeiros do Brasil e de países vizinhos, espalham focos de destruição da floresta e contaminam as águas com mercúrio e outros dejetos. O contato desses aventureiros com os indígenas leva malária, infecções sexualmente transmissíveis, abusos sexuais, desnutrição e corrupção dos costumes a gente que não estava preparada para conviver com o que existe de mais danoso na sociedade.

Por outro lado, ainda temos condições para preservar os costumes, os idiomas e a identidade cultural das etnias indígenas que sobreviveram à selvageria dos brancos. O número de poliglotas existentes no Alto Rio Negro dá ideia da enorme riqueza que será perdida se mantivermos o menosprezo prepotente que caracteriza o etnocentrismo arraigado em nós. Nos últimos anos, o trabalho de novas lideranças indígenas desenvolvido com o apoio de instituições como a FOIRN e o ISA é um exemplo de como é possível respeitar os desígnios, valorizar os conhecimentos e o modo de vida das populações originais sem impor valores estranhos a elas, como fizeram os religiosos durante séculos.

O contato com os indígenas e os ribeirinhos descendentes dos primeiros nordestinos que migraram para lá me abriu as portas de um universo inimaginável para alguém que, como eu, sempre morou num centro urbano como São Paulo. A oportunidade de conviver ao mesmo tempo com aquela vastidão e com as celas apinhadas nos presídios em que atendo há 36 anos tem sido uma experiência enriquecedora que não está ao alcance de todos.

De que forma seres humanos conseguem passar anos em celas de doze metros quadrados com trinta homens enjaulados ou em uma casinha isolada coberta de palha, a duas horas a remo da comunidade ribeirinha mais próxima? Que estratégias psicológicas o espírito humano é capaz de engendrar para manter a sanidade mental em situações tão extremas?

O que mais prendeu minha atenção nas primeiras conversas que tive nas comunidades distantes e nos povoados foi a presença do transcendental na realidade diária.

No mundo amazônico, o mais intrigante é que o real e o imaginário andam de mãos dadas pelo cotidiano. O que parece mais fantástico? O pai de um indígena se perder na mata ao seguir o curupira zangado com ele por fazer barulho em pleno domingo ou esse pai ter perdido a vida ao se engalfinhar com uma onça para defender o cachorrinho de estimação?

Nas florestas do rio Negro, é inevitável o conflito entre o deslumbramento e a inquietude diante de tamanha exuberância e imensa fragilidade.

ESTA OBRA FOI COMPOSTA PELO ACQUA ESTÚDIO EM MINION E IMPRESSA EM OFSETE PELA LIS GRÁFICA SOBRE PAPEL PÓLEN NATURAL DA SUZANO S.A. PARA A EDITORA SCHWARCZ EM MARÇO DE 2025.

A marca FSC® é a garantia de que a madeira utilizada na fabricação do papel deste livro provém de florestas que foram gerenciadas de maneira ambientalmente correta, socialmente justa e economicamente viável, além de outras fontes de origem controlada.